Birgit Lascho

Besseres Ausdrucksvermögen im Aufsatz

Arbeitsblätter zu Wortschatz, Sprachstil und Grammatik

5.–7. Klasse

Persen Verlag

Die Autorin:

Birgit Lascho arbeitet als Lehrkraft für die Fächer Deutsch, Geschichte, Sozialkunde und Englisch an einer hessischen Gesamtschule. Sie sammelte umfangreiche Erfahrungen in der Förderung von Lernenden im Bereich Deutsch als Zweitsprache.

Gedruckt auf umweltbewusst gefertigtem, chlorfrei gebleichtem und alterungsbeständigem Papier.

1. Auflage 2011

3. Auflage 2014

Grafik: Julia Flasche
Satz: MouseDesign Medien AG, Zeven

ISBN 978-3-8344-**3006**-9

www.persen.de

Vorwort 5

Anregungen zur Binnendifferenzierung/Übersichtstabelle 8

Erzählen

AB 1 Ganze Sätze verwenden 13
AB 2 Sachverhalte betonen durch Satzgliedumstellung 14
AB 3–6 Andere Verben für „sagen“ 15
AB 7 Kommasetzung und „Dass“-Schreibung im Objektsatz nach Verben des Sagens 19
AB 8 Andere Verben für „sein“ 20
AB 9–11 Andere Verben für „zu Fuß gehen“ 21
AB 12 Andere Verben für „sehen“ 24
AB 13 Personalpronomen verwenden 25
AB 14 Auf die Bezüge von Personalpronomen achten 26
AB 15 Ausdrucksstarke Adjektive benutzen 27
AB 16/17 Nicht steigerbare Adjektive 28
AB 18/19 Überflüssige Verdoppelungen 30
AB 20 Leicht verwechselbare Präteritumsformen 32
AB 21/22 Nomen mit verschiedenen Artikeln 33
AB 23/24 Nomen mit verschiedenem Plural 35
AB 25 Spannungssteigernde Ausdrücke einbauen 37

Berichten und Beschreiben

AB 26 Abwechslungsreich berichten und beschreiben 38
AB 27–29 Andere Verben für „machen“ 39
AB 30 Andere Ausdrücke für „dann“ 42
AB 31 Genau berichten und beschreiben 43
AB 32–34 Konjunktionen zur Verknüpfung von Sätzen 44
AB 35 Den richtigen Sprachstil treffen 47
AB 36 Sachlich berichten und beschreiben 48
AB 37 Unregelmäßige Imperativformen 49
AB 38–40 Pluralbildung von Fremdwörtern 50
AB 41 Die Schreibung des Plurals bei Fremdwörtern mit „y“ am Wortende 53
AB 42 Die Verwendung von „das“ und „was“ im Relativsatz 54
AB 43 Die richtige Verwendung von „wo“ 55
AB 44 Zum Gebrauch von „wie“ und „als“ bei Vergleichen 56
AB 45 Genitiv nach „wegen, infolge, kraft, statt, aufgrund“ 57

Argumentieren

AB 46 Sprachliche Wendungen zum Ausdruck der Meinungsäußerung . . . 58
AB 47 Kommasetzung und „Dass“-Schreibung im Objektsatz nach Verben des „Meinens“ . . 59
AB 48 Konjunktionen und sprachliche Wendungen zur Aneinanderreihung von Argumenten . . . 60
AB 49/50 Die Satzstellung bei „weil“ und „denn“ . . . 61
AB 51 Die Verwendung von „der-, die-, dasselbe“ und „der, die, das gleiche“ . . . 63
AB 52 Die Unterscheidung von Anrede- und Personalpronomen in Briefen . . . 64

Inhalte zusammenfassen

AB 53 Sprachliche Wendungen für den Einleitungssatz einer Zusammenfassung . . . 65
AB 54 Leicht verwechselbare Präsensformen . . . 66

Anhang

Lösungen . . . 67
Literatur . . . 85

Bei der Korrektur von Schüleraufsätzen müssen Lehrkräfte in verstärktem Maße feststellen, dass viele Lernende große Schwierigkeiten mit dem schriftlichen Ausdruck haben, was besonders die Bereiche Wortschatz, Sprachstil und Grammatik betrifft. Viele Lernende verfügen nur über einen eingeschränkten Wortschatz, da immer weniger gelesen wird und eine wachsende Anzahl von Lernenden einen Migrationshintergrund besitzt. Etlichen Lernenden fehlt zunehmend das natürliche Sprachgefühl für einen angemessenen Sprachstil und sie haben immer häufiger Probleme, zwischen mündlicher Umgangssprache und Schriftsprache zu unterscheiden. Denn die Bedeutung der mündlichen Kommunikation nimmt im Lebensalltag der Jugendlichen immer mehr zu. Von daher hat eine große Anzahl von Lernenden kein Gefühl mehr dafür, was einen abwechslungsreichen, sachlichen, präzisen und hochdeutschen Sprachstil ausmacht. Außerdem bereiten bestimmte grammatische Aspekte vielen Lernenden Schwierigkeiten, da im mündlichen Bereich ein alternativer Gebrauch vorherrscht und zum Teil schon als angemessen toleriert wird, während er in der Schriftsprache als nicht korrekt gilt. So werden im mündlichen Sprachgebrauch zum Beispiel oft bestimmte Präpositionen wie „wegen, aufgrund“ oder „infolge“ mit dem Dativ verwandt, in der schriftlichen Standardsprache ist aber nur der traditionelle Gebrauch mit dem Genitiv korrekt. Das gleiche gilt für die in der mündlichen Umgangssprache häufig benutzte Hauptsatzstellung mit dem Prädikat an zweiter Stelle nach der Konjunktion „weil“. Diese Hauptsatzstellung, die ihren Ursprung offensichtlich in der Verwechslung von „weil“ und „denn“ hat, gilt in der schriftlichen Standardsprache als nicht korrekt. Denn in der schriftlichen Standardsprache wird nur die Nebensatzstellung mit dem Prädikat an letzter Stelle als grammatisch richtig angesehen. Auf diese Weise werden bestimmte grammatische Aspekte zu Stolperfallen für die Lernenden.

Im Unterricht jedoch werden solche Ausdrucksfähigkeiten und Kenntnisse über grammatische Stolperfallen durch die zunehmend häufiger praktizierten Freiarbeitsformen wie Partnerkorrekturen und Schreibkonferenzen immer öfter erwartet und dabei stillschweigend vorausgesetzt, obwohl diese Fähigkeiten und Kenntnisse bei vielen Lernenden nicht vorhanden sind. Folglich sind diese Lernenden auf Unterrichtsmaterialien angewiesen, anhand derer sie sich zunächst erarbeiten können, was überhaupt ein angemessener Sprachstil ist und welche grammatischen Stolpersteine es gibt. Denn anders können sie die gestellte Aufgabe, einen Text sprachlich zu verbessern und entsprechende Grammatikfehler zu korrigieren, gar nicht erfüllen. Wenn keiner der Lernenden in diesem Bereich kompetent ist, können die Lernenden wenig Nutzen aus der Partnerkorrektur oder Schreibkonferenz ziehen. Doch in Schulbüchern werden Lernende hier oft nicht fündig. Anstatt entsprechende Hilfestellungen in Form von Erklärungen und Übungen anzubieten, werden diese Fähigkeiten und Kenntnisse bei Aufgabenstellungen in Schulbüchern oft vorausgesetzt, sodass entsprechende Übungen im Schulbuch fehlen. Für Lehrkräfte ist es dagegen sehr zeitaufwendig, entsprechende Übungen selbst zu erstellen. Deshalb soll hier mit den folgenden Kopiervorlagen Abhilfe geschaffen werden.

Die Kopiervorlagen sind dabei für den Einsatz im regulären Deutschunterricht oder aber auch zur Verwendung im zusätzlichen Förderunterricht gedacht, der auf den regulären Deutschunterricht ausgerichtet ist, wie zum Beispiel „Training Deutsch“ oder „Förderdeutsch“ an Gesamt-, Haupt- und Realschulen. Im regulären Deutschunterricht können die Kopiervorlagen dabei neben der Verwendung im Klassenverband auch als binnendifferenzierte Materialien für leistungsschwächere Lernende eingesetzt werden oder aber auch zur sinnvollen vertiefenden Beschäftigung für schnellere Lernende. Denn gerade in den unteren Jahrgangsstufen der Sekundarstufe I sind die Lernenden noch besonders motiviert, Zusatzaufgaben zu bearbeiten. Die mit angebotenen Lösungen ermöglichen den Lernenden dabei den selbstständigen Umgang mit dem Unterrichtsmaterial. Dieses ist selbstverständlich auch für den Einsatz in Freiarbeitsformen wie dem Stationenlernen oder einer Lerntheke geeignet.

Das strategische Vorgehen der in den Kopiervorlagen enthaltenen Unterrichtsmaterialien besteht dabei darin, die Ausdrucksschwierigkeiten in den drei genannten Bereichen Wortschatz, Sprachstil und Grammatik durch das Kennenlernen und die damit verbundene Bewusstmachung sowie anschließende Anwendungsübungen zur Festigung zu überwinden.

Zur Erweiterung des Wortschatzes sind mehrere Arbeitsblätter enthalten, bei denen zu häufig vorkommenden Wörtern Synonyme gebildet werden müssen und anschließend ein Text mit lauter Wortwiederholungen verbessert werden muss, indem die Lernenden die ständig wiederholten Wörter durch Synonyme ersetzen müssen.

Um das Gefühl für einen abwechslungsreichen, sachlichen, präzisen und hochdeutschen Sprachstil zu fördern, werden zu mehreren Aspekten Arbeitsblätter angeboten. Auf denen können sich die Lernenden einen bestimmten sprachstilistischen Aspekt anhand der kontrastiven Gegenüberstellung von einem stilistisch guten Textbeispiel und einem stilistisch schlechten Textbeispiel erarbeiten und müssen anschließend zur Anwendung einen schlechten Text verbessern. Ein solches kontrastives Vorgehen ist besonders anschaulich und erleichtert es dadurch vor allem leistungsschwächeren Lernenden nachzuvollziehen, was sie an ihren Texten stilistisch besser formulieren können.

Mit den grammatischen Stolpersteinen werden die Lernenden durch mehrere Arbeitsblätter mit jeweils einem solchen Phänomen bekannt gemacht. Das entsprechende Phänomen lernen die Schülerinnen und Schüler dabei durch die entsprechende Regel kennen, damit die Lernenden wissen, wie es richtig heißen muss, und nicht durch die alternative falsche Version verunsichert werden. Der korrekte Gebrauch wird anschließend durch entsprechende Übungen trainiert und gefestigt. Auf diese Weise werden die Lernenden früh für Fehlerpotentiale sensibilisiert und können sie durch das Wissen um diese in der Zukunft vermeiden. Lernende können so folglich früh und vor allem zielgerichtet im Bereich des schriftlichen Ausdrucksvermögens gefördert werden.

Inhaltlich sind für die Arbeitsblätter Aspekte ausgewählt worden, bei denen Lernende oft Fehler machen. Als Aufsatzformen wurden dabei die Erzählung, der Bericht und die Beschreibung, die Argumentation sowie die Inhaltsangabe berücksichtigt. Denn diese Aufsatzformen sind in Klasse 5 bis 7 relevant im Deutschunterricht. Um den Lehrkräften das Auffinden von Übungen zu den einzelnen Aufsatzformen zu erleichtern, sind die Kopiervorlagen deshalb inhaltlich in die vier Bereiche *Erzählen, Berichten* und *Beschreiben, Argumentieren* sowie *Inhalte zusammenfassen,* gegliedert.
Eine Besonderheit der Kopiervorlagen besteht noch in dem Angebot von Tipps zur Binnendifferenzierung. Für jedes Arbeitsblatt werden in einer Tabelle Tipps gegeben, wie die Aufgabenstellungen auf den Arbeitsblättern sich hinsichtlich des Leistungsniveaus ohne großen Aufwand für leistungsschwächere oder leistungsstärkere Lernende modifizieren lassen. Dies kann zum Beispiel durch Einkreisen der Anfangsbuchstaben von gesuchten Lösungswörtern oder durch das Abdecken von Kästen mit zuzuordnenden Lösungswörtern geschehen. Auf diese Weise wird Binnendifferenzierung im Schulalltag praktikabel gemacht, ohne großen Mehraufwand zu betrei-

ben und im Unterricht mit mehreren Arbeitsblattversionen zu hantieren. Stattdessen braucht die Lehrkraft nur schnell in dem Kopiervorlagenband nachzuschauen, wie sie die Aufgaben sinnvoll hinsichtlich des Anforderungsniveaus modifizieren kann. So besteht die Chance, leistungsschwächere Lernende erst selbst denken zu lassen und den Lernenden erst dann spontan Hilfe zu geben, wenn sie diese einfordern. Dadurch kann das Anforderungsniveau der Aufgabenstellungen besser an das individuelle Leistungsvermögen der Lernenden angepasst werden.

Sofern sie den Lernenden schriftliche Hilfestellungen geben möchten, empfiehlt es sich, diese auf der Tafelrückseite zu notieren. So kann diese Hilfestellung nur von denjenigen gesehen werden, für die sie bestimmt sind. Die leistungsstärkeren Lernenden können/müssen selbst denken, statt sich bequem zurückzulehnen.

Falls Sie bereits an Ihrer Schule Whiteboards anstelle von Tafeln haben, können Sie schriftliche Hilfestellungen alternativ auf Karteikarten notieren, die Sie am Pult auslegen.

Erzählen

Arbeitsblatt	Differenzierungsmöglichkeit
1	Lassen Sie leistungsschwächere Lernende bei den Sätzen Subjekt, Prädikat und Objekt in verschiedenen Farben unterstreichen.
2	Geben Sie leistungsschwächeren Lernenden den Tipp, dass das Prädikat an die zweite Stelle muss.
3	Fordern Sie leistungsstärkere Lernende auf, den Kasten abzudecken und die Aufgabe ohne die Benutzung des Kastens zu lösen.
4	Fordern Sie leistungsstärkere Lernende auf, den Kasten abzudecken und die Aufgabe ohne die Benutzung des Kastens zu lösen.
5	Fordern Sie leistungsstärkere Lernende auf, den Kasten abzudecken und die Aufgabe ohne die Benutzung des Kastens zu lösen.
6	Fordern Sie leistungsstärkere Lernende auf, den Kasten abzudecken und die Aufgabe ohne die Benutzung des Kastens zu lösen.
7	Geben Sie leistungsschwächeren Lernenden den Tipp, dass das Prädikat bei der Satzumstellung nach hinten muss.
8	Fordern Sie leistungsstärkere Lernende auf, sowohl bei Aufgabe 1 und Aufgabe 2 die Vorgaben nicht zu nutzen und selbst Synonyme für „sein“ zu finden.
9	Geben Sie leistungsschwächeren Lernenden bei Aufgabe 1 die Anfangsbuchstaben der gesuchten Verben vor. Waagerecht: s, h, s, r, s; Senkrecht: s, r, e, t, b.
10	Fordern Sie leistungsstärkere Lernende auf, den Kasten abzudecken und die Aufgabe ohne die Benutzung des Kastens zu lösen.
11	Fordern Sie leistungsstärkere Lernende auf, den Kasten abzudecken und die Aufgabe ohne die Benutzung des Kastens zu lösen.
12	Geben Sie leistungsschwächeren Lernenden bei Aufgabe 1 jeweils die erste Silbe vor (er…, er…, er… und aus…) und lassen Sie die Lernenden bei Aufgabe 3 zuerst die Verben unterstreichen, die ständig wiederholt werden.
13	Schreiben Sie leistungsschwächeren Lernenden eine Übersicht der Personalpronomen an die Tafelrückseite oder auf eine Hilfskarte: männlich / weiblich / sächlich Nominativ: er / sie / es Dativ: ihm / ihr / ihm Akkusativ: ihn / sie / es
14	Lassen Sie leistungsschwächere Lernende zuerst mit Bleistift die passenden Personalpronomen eintragen und dann Bezugspfeile zum letzten grammatisch passenden Nomen einzeichnen. Fordern Sie die Lernenden dann auf zu kontrollieren, ob dieses passende Nomen mit dem Nomen in der Klammer identisch ist. Sollte dies der Fall sein, so können die Lernenden das Personalpronomen stehen lassen, ansonsten müssen sie es wieder wegradieren.
15	Geben Sie leistungsschwächeren Lernenden pro Spalte vier Wörter vor, z. B. für Spalte 1: rabenschwarz, tonnenschwer, potthässlich, stockdunkel und für Spalte 2: bildhübsch, pfeilgeschwindt, samtweich, spindeldürr.

16	Geben Sie leistungsschwächeren Lernenden pro Zeile zwei der zu findenden Wörter vor: Zeile 1: nackt, absolut; Zeile 2: kein, blind; Zeile 3: halb, leblos ; Zeile 4: viereckig, optimal; Zeile 5: minimal, vollendet.
17	Geben Sie leistungsschwächeren Lernenden bei Aufgabe 1 die Endungen durcheinander vor: e – er – e – e – e – er, bei Aufgabe 2 die richtigen Lösungen: einzige, minimalen, und bei Aufgabe 3 die Lösungen durcheinander, z. B.: absoluten, höchsten, verrücktesten, extreme, geschickteste, optimale.
18	Geben Sie bei den Pleonasmen für leistungsschwächere Lernende durcheinander die Worterklärungen an der Tafel an: Zwerg = kleines Wesen, Ochse = männliche Kuh, Schnäppchen = preiswerter Kauf, Leiche = toter Mensch, Niederschlag = feuchter Regen, Ehepaar = verheiratetes Paar, Zwillinge = zwei sich gleichende Lebewesen, Wunder = wunderbare Begebenheit, Schimmel = weißes Pferd, renoviert = neu gemacht, Kater = männliche Katze, Ball = runde Kugel, Geizhals = sparsamer Mensch, Rappe = schwarzes Pferd, Mädchen – weibliches Kind, Zucker = Lebensmittel zum Süßen, Greis = alter Mann, Lügner = Mensch, der verlogen ist, Stute = weibliches Pferd, Wasser = nasser Stoff, Drillinge = drei sich gleichende Lebewesen.
19	Geben Sie leistungsschwächeren Lernenden die Buchstaben der Sätze mit Fehlern an: a, c, d, e, g, i, l, m, n, o, p, r, s.
20	Fordern Sie leistungsstärkere Lernende auf, den Kasten abzudecken und die Aufgabe ohne die Benutzung des Kastens zu lösen.
21	Schreiben Sie die gesuchten Wörter ohne Artikel für leistungsschwächere Lernende in falscher Reihenfolge an die Tafelrückseite, z. B.: Schild, Kiefer, Bauer, Junge, Pony, Band, und fordern Sie die Lernenden auf, die ihnen fehlenden Artikel aus dem Wörterbuch herauszusuchen.
22	Schreiben Sie die gesuchten Wörter ohne Artikel für leistungsschwächere Lernende in falscher Reihenfolge an die Tafelrückseite, z. B.: Verdienst, Flur, Tor, See, Tau, Kunde, Laster, Mark, Mangel, Heide, Mast, Leiter, und fordern Sie die Lernenden auf, die ihnen fehlenden Artikel aus dem Wörterbuch herauszusuchen.
23	Schreiben Sie die gesuchten Pluralwörter für leistungsschwächere Lernende durcheinander in der Einzahl an die Tafelrückseite, z. B.: Band, Kiefer, Flur, Wort, Schild, Mangel, Tor, Bank, Strauß, Steuer, Leiter, Bauer, und fordern Sie die Lernenden auf, die ihnen fehlenden Pluralwörter im Wörterbuch nachzuschlagen.
24	Notieren Sie die Lösungen in falscher Reihenfolge für leistungsschwächere Lernende an der Tafelrückseite, z. B.: -blocks, -mangeln, -leiter, -steuern, -sträuße, -leitern, -wörter, -bände, Kiefern, -tore, -schilde, -bänke, -mängel, -bauern, -schilder, -bänder.
25	Geben Sie leistungsschwächeren Lernenden bei Aufgabe 1 weitere Silben vor, z. B. bei (1) *ein*, bei (2) *lig*, *un*, bei (3) *hei*, bei (4) *ar*.

Berichten und Beschreiben

Arbeitsblatt	Differenzierungsmöglichkeit
26	Geben Sie leistungsschwächeren Lernenden folgende Wortbausteine vor: Fell besitzen, ihre Augen sind ..., ein Halsband tragen.
27	Fordern Sie leistungsstärkere Lernende auf, den Kasten abzudecken und die Aufgabe ohne die Benutzung des Kastens zu lösen.
28	Geben Sie leistungsschwächeren Lernenden folgende Lösungen vor: Gewinn erzielen,Termine vergeben, Hausaufgaben anfertigen, eine Freude bereiten.
29	Bieten Sie den leistungsschwächeren Lernende folgende Wortbausteine als Hilfe an: - nehmen Sie, - entsorgen Sie/werfen Sie ... in den Müll, - öffnen Sie, - nehmen Sie, - können Sie entfernen, - legen Sie, - schließen Sie.
30	Geben Sie leistungsschwächeren Lernenden die Anfangsbuchstaben der gesuchten Lösungswörter vor: z, j, D, h, A, N, A, H, z, d, a, s, A, N.
31	Fordern Sie leistungsstärkere Lernende auf, den Kasten abzudecken und die Aufgabe ohne die Benutzung des Kastens zu lösen.
32	Geben Sie leistungsschwächeren Lernenden folgende Wörter vor: ehe, deswegen, also, obgleich, wenn, auch.
33	Fordern Sie leistungsstärkere Lernende auf, die Kästen abzudecken und die Aufgabe ohne die Benutzung der Kästen zu lösen.
34	Lassen Sie bei Aufgabe 1 leistungsstärkere Lernende ebenfalls selbst Konjunktion finden oder die vorgegebenen Konjunktionen durch sinnentsprechende Konjunktionen ersetzen.
35	Geben Sie leistungsschwächeren Lernenden bei Aufgabe 1 die umgangssprachlichen Wendungen vor (- mitgehen lassen, - echt voll sauer sein, - runterfiel, - Kerl, - echt) und lassen Sie die Lernenden diese zunächst im Text unterstreichen, bevor die Lernenden die Ankreuzaufgabe bewältigen sollen. Bieten Sie den Lernenden zudem bei Aufgabe 2 folgende Worthilfen an: Mädchen, stehlen, herausgeben, Unsinn, Geld, verärgern, schlagen, unmöglich, entfernen, Jugendlichen, können.
36	Fordern Sie die leistungsschwächeren Lernenden bei Aufgabe 1 zunächst auf, die Worte *spannendes, blöder, „Aua, aua!“, plötzlich* zu streichen, bevor die Lernenden die Aufgabe erledigen. Geben Sie den Lernenden bei Aufgabe 2 folgende Worthilfen: - Geld verlangen, - vor Schmerzen schreien.
37	Fordern Sie leistungsstärkere Lernende auf, den Kasten abzudecken und die Aufgabe ohne die Benutzung des Kastens zu lösen.
38	Fordern Sie leistungsstärkere Lernende auf, den Kasten abzudecken und die Aufgabe ohne die Benutzung des Kastens zu lösen.
39	Fordern Sie leistungsstärkere Lernende auf, den Kasten abzudecken und die Aufgabe ohne die Benutzung des Kastens zu lösen.

40	Geben Sie leistungsschwächeren Lernenden bei Aufgabe 1 die gesuchten Wortformen in falscher Reihenfolge vor: Firmen, Zentren, Ministerien, Viren, Materialien, Museen, Praxen, Zirkusse. Bieten Sie den Lernenden bei Aufgabe 2 die richtigen Formen in falscher Reihenfolge an: Daten, Konten, Alben, Praktika. Schreiben Sie den Lernenden die richtigen Formen bei Aufgabe 3 in falscher Reihenfolge an die Tafel: Pizzen, Globusse, Atlasse, Visa, Lexika, Pizzas, Atlanten, Komma, Globen, Lexiken, Kommata, Visen.
41	Geben Sie leistungsschwächeren Lernenden die Wörter Story (Erzählung) und Rowdy (rücksichtsloser, rüpelhafter Mensch) vor.
42	Lassen Sie leistungsschwächere Lernende zunächst unterstreichen, worauf sich das einzusetzende Wort beziehen muss.
43	Lassen Sie leistungsschwächere Lernende zunächst unterstreichen, worauf sich „wo“ bezieht.
44	Fordern Sie leistungsschwächere Lernende auf, zuerst alle Komparativformen mit -er einzukreisen, und geben Sie den Lernenden den Tipp, dass es dann immer „als“ heißen muss.
45	Geben Sie leistungsschwächeren Lernenden die Lösungen bei Aufgabe 1 ungeordnet vor: der Turnschuhe, des Aufpralls, eines Wasserschadens, eines Zufalls, des Sturmes, des Gesetzes, der lang anhaltenden Hitze, eines Unfalls.

Argumentieren

Arbeitsblatt	Differenzierungsmöglichkeit
46	Geben Sie leistungsschwächeren Lernenden jeweils das erste Wort als Starthilfe vor: Ich, Ich, Ich, Meiner, Nach, Meiner, Nach, Ich, Ich, Ich.
47	Fordern Sie leistungsschwächere Lernende auf, zuerst die Verben in den Aussagesätzen zu unterstreichen, und geben Sie den Lernenden dann den Tipp, dass die Verben im Dass-Satz hinten stehen müssen.
48	Geben Sie leistungsschwächeren Lernenden bei Aufgabe 1 bei den ersten vier Wörtern jeweils den ersten Buchstaben des Lösungswortes vor: z, f, a, d. Schreiben Sie den Lernenden bei Aufgabe 2 jeweils das erste gesuchte Wort als Starthilfe an die Tafel: Dazu, Ein, Als.
49	Schreiben Sie leistungsschwächeren Lernenden jeweils den Schluss der Sätze an die Tafel: verloren hat, Durst hat, Bauchschmerzen hat, geschrieben hat, kalt draußen ist.
50	Fordern Sie leistungsschwächere Lernende bei Aufgabe 1 auf, in den Sätzen zunächst die Verben zu unterstreichen. Bieten Sie den Lernenden zudem die Lösungswörter in ungeordneter Reihenfolge als Hilfe an: weil, weil, denn, weil, denn, denn. Tragen Sie den Lernenden bei Aufgabe 2 auf, in dem Wortsalat in der Klammer zuerst die Verben zu unterstreichen.
51	Geben Sie leistungsschwächeren Lernenden in jedem Satz den Anfang des gesuchten Lösungswortes vor: die, die, dem, dem, den, Das, dem, Die, Den, die, die.
52	Geben Sie leistungsschwächeren Lernenden die ersten beiden Lösungen als Starthilfe vor: I, I.

Inhalte zusammenfassen

Arbeitsblatt	Differenzierungsmöglichkeit
53	Bieten Sie leistungsschwächeren Lernenden folgende Fragen nach dem Objekt als Hilfe an: a) Um wen oder was geht es in der Kurzgeschichte?; b)Von wem oder was handelt die Kurzgeschichte?
54	Schreiben Sie leistungsschwächeren Lernenden die folgenden Infinitive als Hilfe an: fließen, fliesen, sein, essen, reisen, reißen, haben, hassen, bitten, bieten, haken, hacken.

Ganze Sätze verwenden

Beim Schreiben solltest du immer ganze Sätze verwenden. Das bedeutet, dass jeder Satz mindestens ein Subjekt und ein Prädikat haben muss, manche Verben verlangen darüber hinaus noch ein oder zwei Objekte.

Beispiele:

a)	Laura	schläft.		
	Subjekt	*Prädikat*		
a)	Laura	verfolgt	Norbert.	
	Subjekt	*Prädikat*	*Akkusativobjekt*	
b)	Laura	gibt	Norbert	ein Buch.
	Subjekt	*Prädikat*	*Dativobjekt*	*Akkusativobjekt*

1. Welche Sätze sind nicht vollständig? Kreuze an.

- ☐ Der Zwerg kam und: „Ich werde dich besiegen, Riese!“
- ☐ Er schützte sich mit einem Schild, denn der Gegner war gefährlich.
- ☐ Der Riese gab seinem Pferd, damit es gesättigt in den Kampf ging.
- ☐ Nun der Kampf.

2. Hier fehlt etwas. Verbessere die Sätze sinnvoll. Nimm die Informationen dazu aus Aufgabe 1.

a) Sofort stieß den Zwerg vom Pferd.

____

____

b) Der Zwerg: „Hilfe! Aua, aua! Verdammt, tut das weh!“

____

____

c) Darauf der Zwerg regungslos im Gras.

____

____

d) „Haha, haha!“ der Riese lautlos bei sich, „den habe ich besiegt.“

____

____

Sachverhalte betonen durch Satzgliedumstellung

Durch die Umstellung von Satzgliedern kannst du deinen Text abwechslungsreicher gestalten und bestimmte Sachverhalte betonen.
Wenn du bei dem Satz „Ich kehrte sofort um" betonen willst, dass du sofort umgekehrt bist, kannst du den Satz umstellen, indem du das Wort „sofort" an den Anfang setzt: „Sofort kehrte ich um."

1. **Stelle das unterstrichene Wort nach vorne und schreibe die Sätze auf.**
   Beispiel: Es klingelte auf einmal. ➜ Auf einmal klingelte es.

   a) Ich öffnete völlig überrascht die Haustür.

   b) Der Zug fuhr plötzlich los.

   a) Oma wartete schon am Bahnsteig auf mich.

   b) Ich riss die Tür wütend auf.

   c) Ich erledigte zu Hause zuerst die Hausaufgaben.

   d) Ich gab reumütig zu, dass wir alleine im Wald waren.

Andere Verben für „sagen“ (1)

Indem du andere Verben für „sagen“ benutzt, kannst du deinen Text nicht nur abwechslungsreicher gestalten, sondern auch die Art des Sagens genauer beschreiben.

Welche Verben und sprachlichen Wendungen aus dem Kasten haben eine ähnliche oder gar gleiche Bedeutung wie die vorgegebenen Verben? Ordne zu.

dazwischenrufen – erwidern – raten – zurückweisen – sich ärgern – mitteilen – einräumen – ins Wort fallen – wissen wollen – befehlen – anregen – sich aufregen – gestehen – ankündigen – dazwischenreden – verneinen – empfehlen – verlauten lassen – entgegnen – sich erkundigen – bitten

vorschlagen	bekannt geben	unterbrechen
fragen	**antworten**	**auffordern**
meckern	**zugeben**	**bestreiten**

Andere Verben für „sagen“ (2)

Indem du andere Verben für „sagen“ benutzt, kannst du deinen Text nicht nur abwechslungsreicher gestalten, sondern auch die Art des Sagens genauer beschreiben.

Welche zwei Verben aus dem Kasten haben eine ähnliche oder gar gleiche Bedeutung wie die vorgegebenen Verben? Ordne zu.

vermuten – hinterfragen – unterstreichen – sticheln – wispern – jauchzen – bemerken – hauchen – nachdenken – sich freuen – bekräftigen – fluchen – raten – erwägen – provozieren – anführen – meckern – infrage stellen

erwähnen: ______________________________

überlegen: ______________________________

betonen: ______________________________

bezweifeln: ______________________________

schimpfen: ______________________________

jubeln: ______________________________

ärgern: ______________________________

rätseln: ______________________________

flüstern: ______________________________

Andere Verben für „sagen“ (3)

Indem du andere Verben für „sagen“ benutzt, kannst du deinen Text nicht nur abwechslungsreicher gestalten, sondern auch die Art des Sagens genauer beschreiben.

Welche zwei Verben und sprachlichen Wendungen aus dem Kasten haben eine ähnliche oder gar gleiche Bedeutung wie die vorgegebenen Verben? Ordne zu.

raten – vorgeben – aufmerksam machen – stottern – beschreiben – heucheln – hinweisen – beanstanden – brüllen – erläutern – verlauten lassen – Kritik üben – ablenken – vorschlagen – rufen – von sich geben – lispeln – abschweifen

äußern	ausweichen	warnen
kritisieren	**stammeln**	**schreien**
lügen	**empfehlen**	**erklären**

Andere Verben für „sagen“ (4)

Ordne die Verben des Sagens den passenden Sätzen zu.
Benutze als Zeitform das Präteritum (einfache Vergangenheit).

Beispiel: „Immer kommst du zu spät“, _______________ Justin.
„Immer kommst du zu spät“, motzte Justin.

jubeln – brüllen – antworten – warnen – fragen – flüstern – überlegen – empfehlen – gestehen – meckern – befehlen

a) „Pass auf, dass du nicht ausrutscht!“, _______________ die Mutter den Jungen.

b) „Immer muss ich den Müll herausbringen“, _______________ Julia.

c) „Sei leise!“, _______________ Oma, denn Opa schlief noch.

d) „Unsere Mannschaft hat gewonnen!“, _______________ Jonas.

e) „Ich habe die Kreide zerbrochen“, _______________ Fabian.

f) „Du räumst jetzt sofort dein Zimmer auf“, _______________ Vater.

g) „Dazu möchte ich nichts sagen“, _______________ der Autofahrer dem Polizisten.

h) „Du kannst ja mit dem Zug nach Berlin fahren“, _______________ Onkel Bernd.

i) „An welche Adresse sollen wir Ihr Regal liefern?“, _______________ der Verkäufer.

j) „Nein, ich mache meine Hausaufgaben nicht!“, _______________ der Junge wütend.

k) „Wo habe ich nur den Schlüssel hingelegt?“, _______________ Opa.

Kommasetzung und „Dass"-Schreibung im Objektsatz nach Verben des Sagens

Bei Verben des Sagens wird das „Dass" zu Beginn des nachfolgenden Objektsatzes immer mit „ss" geschrieben und ein Komma vor das „Dass" gesetzt.

Beispiel: Sandra antwortet, **dass** es ihr gut geht.

Gib die direkten Äußerungen durch „Dass"-Sätze wieder. Verwende dabei das Verb in der Klammer im Präsens.
Achte zudem auf das Komma und die S-Schreibung bei „dass".

Beispiel: Vater: „Dieses Auto ist ganz schön teuer". (bemerken)
Vater bemerkt**, dass** das Auto ganz schön teuer ist.

a) Tina: „Am Wandertag sollten wir in den Zoo gehen." (vorschlagen)

____

____

b) Lukas: „Es macht aber nicht jeder gerne Sport." (einwenden)

____

____

c) Jonas: „Heute ist es kalt." (antworten)

____

____

d) Marina: „Ich habe meine Hausaufgaben vergessen." (zugeben)

____

____

e) Lena: „Jan ist vielleicht bei Tobias." (vermuten)

____

____

f) Sofie: „Ich habe die Zeitung nicht ins Altpapier getan."(behaupten)

____

____

Andere Verben für „sein"

Um deinen Text abwechslungsreicher zu gestalten, solltest du darauf achten, dass du nicht ständig dasselbe Verb verwendest. Benutze stattdessen Verben mit der gleichen oder einer ähnlichen Bedeutung.

1. In der Buchstabenschlange verbergen sich zwölf Verben, die du anstelle von „sein" je nach Situation verwenden kannst.
Kreise die Verben ein und notiere sie auf den Linien.

a u a g e b e n k a l a v o r k o m m e n h e i n z i b e s t e h e n e l l i l u s i c h a u f h a l t e n

p a p a h e r r s c h e n o s k a r s i c h b e f i n d e n n a w e i l e n e g i l e b e n u r u

e x i s t i e r e n b e i m s i t z e n a l l a s t e h e n p u l l i l i e g e n j a m b a

____

____

____

2. Vorsicht, bei der Verwendung der Ersatzverben für „sein" musst du achtgeben.
Nicht jedes Verb passt zu jeder Situation.
Ordne die Verben aus dem Kasten so zu, dass sinnvolle Sätze entstehen.
Verwende dazu als Zeitform das Präteritum (einfache Vergangenheit).

Beispiel: Der Hund ________ am Sofa. ➜ Der Hund **lag** am Sofa.

bestehen – herrschen – sitzen – existieren – sich befinden

a) In den Alpen ________________________ ein heftiges Gewitter.

b) Die Toiletten ________________________ im ersten Obergeschoss.

c) Das Problem ________________________ darin, dass er Silkes Telefonnummer vergessen hatte.

d) Die besondere Fischart ____________________ nur im Stechlinsee.

e) Die Katze ________________________ in ihrem Körbchen.

Andere Verben für „zu Fuß gehen“ (1)

Um deinen Text abwechslungsreicher zu gestalten, solltest du darauf achten, dass du nicht ständig dasselbe Verb verwendest. Benutze stattdessen Verben mit der gleichen oder einer ähnlichen Bedeutung.

1. Umkreise in dem Wortgitter die zehn Verben mit der Bedeutung von „zu Fuß gehen“ und notiere die Verben neben und unter dem Wortgitter.
Die Verben sind senkrecht oder waagrecht angeordnet.
„Ö“ wird durch „oe“, „ä“ durch „ae“ und „ü“ durch „ue“ ersetzt.

G	S	C	H	L	E	N	D	E	R	N	U	H	A	S	T	E	N
D	S	A	G	G	U	H	N	I	G	P	A	F	G	T	T	G	I
S	P	A	Z	I	E	R	E	N	G	H	I	A	I	C	R	U	B
T	R	U	R	E	N	N	E	N	K	G	E	R	G	H	O	D	U
H	I	G	A	F	I	N	I	H	G	H	A	G	I	Z	E	G	M
C	N	T	S	F	E	E	L	Z	U	G	E	R	K	N	D	G	M
K	T	G	E	J	T	U	E	N	B	H	E	I	G	I	E	K	E
A	E	T	N	I	U	P	N	T	H	G	A	I	H	G	L	N	L
G	N	G	U	H	A	S	C	H	L	E	I	C	H	E	N	U	N
B	G	Z	I	G	H	B	H	Z	U	N	H	K	S	R	S	A	A

2. Ordne die gefundenen Verben in die richtige Spalte der Tabelle ein.

schnell gehen	langsam gehen

Andere Verben für „zu Fuß gehen“ (2)

Um deinen Text abwechslungsreicher zu gestalten, solltest du darauf achten, dass du nicht ständig dasselbe Verb verwendest. Benutze stattdessen Verben mit der gleichen oder einer ähnlichen Bedeutung.

Verben mit der gleichen Bedeutung gesucht!
Ordne die Verben aus dem Kasten entsprechend zu.

flüchten – sich entfernen – schleichen – kommen – verfolgen – laufen – stolzieren – wandern – trampeln – torkeln – wandeln – schlurfen – flitzen – betreten

a) stampfen: ____________________

b) in Schlangenlinien laufen: ____________________

c) leise gehen: ____________________

d) hinterhergehen: ____________________

e) schreiten: ____________________

f) fliehen: ____________________

g) verlassen: ____________________

h) marschieren: ____________________

i) hingehen: ____________________

j) normal gehen: ____________________

k) hin und her laufen: ____________________

l) gehen, ohne die Füße zu heben: ____________________

m) hineingehen: ____________________

n) rennen: ____________________

Andere Verben für „zu Fuß gehen“ (3)

Ergänze die passenden Verben aus dem Kasten im Präteritum (einfache Vergangenheit).

Beispiel: Der Hund ______________ hinter dem Ball her.
Der Hund **rannte** hinter dem Ball her.

verfolgen – wandern – schleichen – stampfen – betreten – torkeln – sprinten – trödeln – spazieren – schlendern

a) Wütend ____________________ er durch den Flur.

b) Die Betrunkene ____________________ die Straße entlang.

c) Vorsichtig ____________________ sich die Katze an die Maus heran.

d) Die beiden Rentner ____________________ durch den Park.

e) Die Polizisten ____________________ den Schläger sofort.

f) Sofie ____________________ den Laden zuerst.

g) Jonas ____________________, weshalb er zu spät zur Schule kam.

h) Alina und Svenja ____________________ durch die Fußgängerzone.

i) Die Familie ____________________ von Seebach nach Josbach durch den Wald.

j) Er ____________________ sofort los, um als Erster am Ziel zu sein.

Andere Verben für „sehen“

Um deinen Text abwechslungsreicher zu gestalten, solltest du darauf achten, dass du nicht ständig dasselbe Verb verwendest. Benutze stattdessen Verben mit der gleichen oder einer ähnlichen Bedeutung.

1. **Finde heraus, welche gleichbedeutenden Verben zu dem Verb „sehen“ sich in den Silbensalaten verbergen.**

   a) nen – ken – er b) spä – er – hen c) en – blick – er d) chen – ma – aus

   ______ ______ ______ ______

2. **Die sprachlichen Wendungen, die gleichbedeutend mit dem Verb „sehen“ sind, sind spiegelverkehrt gedruckt. Schreibe sie richtig herum auf.**

   a) nemmokeb thciseG uz: ______

   b) nemhenrhaw eguA med tim: ______

   c) neßots sawte fua eguA med tim: ______

3. **Gestalte den Textauszug abwechslungsreicher. Ersetze dazu das Verb „sehen“ – bis auf dessen erste Verwendung – durch gleichbedeutende Verben und notiere die verbesserte Textversion in dein Heft.**

Zuerst sah Jan Häuser, dann sah er einen Garten. Hierauf sah er einen Mann und als Nächstes sah Jan einen Apfelbaum. Hinter dem Apfelbaum konnte Jan eine Gartenhütte sehen. Vor deren Tür sah er eine Katze. „Wo war er hier nur gelandet?“, fragte er sich.

Personalpronomen verwenden

Durch die Verwendung von Personalpronomen kannst du deinen Text abwechslungsreicher gestalten und zudem verkürzen.

1. Ersetze die unterstrichenen Nomen durch Personalpronomen.

Beispiel: Heiko schreibt seiner Mutter eine SMS.
Er schreibt ihr eine SMS.

a) Das Kaninchen frisst die Möhre. ➜ ____________________

b) Sara gibt dem Kind einen Luftballon. ➜ ____________________

c) Birte sieht das Eichhörnchen. ➜ ____________________

d) Sandras Freund schenkt Sandra ein Buch. ➜ ____________________

e) Jan ruft Simon an. ➜ ____________________

f) Seine Freunde geben Tom eine Kinokarte. ➜ ____________________

g) Das Mädchen läuft anderen Kindern hinterher. ➜ ____________________

h) Laura besucht ihre Tante. ➜ ____________________

2. Wer ist gemeint? Ergänze jeweils das entsprechende Personalpronomen.

Mehrere Kinder treffen sich auf dem alten Fabrikgelände. ________ begrüßen sich und setzen sich in einen Kreis. Dann beginnt einer der Jungen, Stefan, zu reden. ________ schlägt ________ vor, eine Bande zu gründen und eine Hütte zu bauen. Lukas und Nils sind von dem Vorschlag völlig begeistert, ________ wollen ________ sofort in die Tat umsetzen. Die anderen Kinder stimmen sofort zu und so beginnen alle nach einem Namen für die Bande zu suchen.

Auf die Bezüge von Personalpronomen achten

Mit Personalpronomen kannst du deinen Text abwechslungsreicher gestalten und zudem verkürzen. Du musst jedoch beachten, dass sich Personalpronomen immer auf das letzte grammatisch passende Nomen beziehen. Ansonsten kann dir leicht ein Bezugsfehler unterlaufen, wie der Schreiberin von Beispiel 2.

Beispiel 1: Der Hund rannte **dem Ball** hinterher. **Er** war aus rotem Gummi.

Der Ball war also aus rotem Gummi.

Beispiel 2: Der Hund rannte **einem Ball** hinterher. **Er** hatte kurze Beine.

Der Ball hatte kurze Beine. Dies ist Unsinn.

Unbestreitbar ist der Hund im zweiten Satz gemeint, denn nur er kann kurze Beine besitzen. Deshalb kannst du im anschließenden Satz das Nomen nicht durch ein Personalpronomen ersetzen. Stattdessen musst du das Nomen des ersten Satzes wiederholen.

Wo kann man das Nomen durch ein Personalpronomen ersetzen und wo nicht? Streiche das Nomen in Klammern nur dann durch und ersetze es durch ein Personalpronomen, wenn dies vom Sinn her möglich ist. Mache ansonsten einen Strich.

a) Die Katze fing eine Maus. __________ (Die Katze) fraß ihre Beute schnell.

b) Andrea ging mit Nina in die Stadt. __________ (Nina) war schon lange Andreas Freundin.

c) Der Vater gab den Jungen etwas zu trinken. __________ (Der Vater) goss ihnen Saft ein.

d) Die Frau fuhr in die Stadt. __________ (Die Frau) hatte einen Rock an.

e) Lena schaffte sich ein Kätzchen an. __________ (Das Kätzchen) sah niedlich aus.

f) Marina rannte zur Schule. __________ (Die Schule) begann um acht Uhr.

g) Tina kaufte für ihre Mutter eine Lampe. __________ (Tina) war froh, endlich ein Geburtstagsgeschenk für ihre Mutter gefunden zu haben.

Ausdrucksstarke Adjektive benutzen

Mithilfe von ausdrucksstarken Adjektiven kannst du deinen Text anschaulicher gestalten.

Leider sind die folgenden Adjektive von einem Wirbelsturm heimgesucht worden. Stelle sie wieder her, indem du jeweils die zusammengehörenden Teile durch eine Linie miteinander verbindest. Notiere die gefundenen Adjektive anschließend.

riesen	grün	bild	hart
bären	schwarz	stein	süß
rosen	schön	pfeil	weich
gras	stark	honig	hübsch
wunder	groß	samt	geschwindt
raben	alt	maus	weiß
glas	rot	feder	hell
tonnen	schnell	schnee	grau
stein	klar	herzens	kalt
blitz	dunkel	eis	leicht
pott	schwer	tag	dürr
stock	hässlich	spindel	gut

Nicht steigerbare Adjektive (1)

Bei der Steigerung von Adjektiven musst du aufpassen. Denn manche Adjektive bezeichnen in der Grundform bereits einen endgültigen Zustand, wie zum Beispiel die Adjektive „rund“ und „optimal“, sodass eine Steigerung keinen Sinn mehr macht. Deshalb darfst du diese Adjektive nicht mehr steigern. Denn eine „runde Uhr“ ist bereits rund und eine Lösung, die als „optimal“ (am besten) eingestuft wird, ist bereits optimal.

1. Vier der acht Adjektive pro Zeile kannst du nicht steigern. Kreise diese Adjektive, die du nicht steigern kannst, ein.

a) alt – einzig – schön – nackt – groß – ideal – absolut – witzig

b) maximal – kein – dunkel – einzigartig – hübsch – leise – blind – schnell

c) ängstlich – hässlich – halb – schlau – total – weich – extrem – leblos

d) heiß – viereckig – laut – optimal – kalt – rund – dreieckig – schmutzig

e) leicht – stumm – langsam – minimal – tot – traurig – kurz – vollendet

2. Ergänze das fehlende Verb in der Sprechblase.

Nicht steigerbare Adjektive (2)

1. Bei den Adjektiven, die jeweils die höchste Steigerungsstufe darstellen, sind die Endungen abhanden gekommen. Ergänze die Endungen.

a) Er war in kein_____ Weise beleidigt.

b) Dies ist der einzig_____ Weg, der zum Erfolg führt.

c) Das ist der nackt_____ Wahnsinn.

d) Der maximal_____ Gewinn betrug 500 Euro.

e) Die Ware war von einzigartig_____ Qualität.

f) Das ist das ideal_____ Versteck.

2. Kreuze diejenigen Sätze an, in denen das Adjektiv falsch gesteigert ist.

a) ☐ Sie war die schönste Frau im ganzen Land.

b) ☐ Für die Schule betrieb sie nur den minimalsten Aufwand.

c) ☐ Er war der einzigste Junge in der Sportgruppe.

d) ☐ Lea kaufte die wärmste Jacke.

3. Sind die Adjektive steigerbar oder nicht? Ergänze die in der Klammer stehenden Adjektive in der richtigen Höchstform.

a) Diese Schuhe sind für ____________________ (extrem) Kälte geeignet.

b) Sie bestiegen den ____________________ (hoch) Berg.

c) Dies ist die ____________________ (optimal) Lösung.

d) Das ist der ____________________ (geschickt) Weg.

e) Dies bedeutete den ____________________ (absolut) Horror für ihn.

f) Er hatte den ____________________ (verrückt) Einfall von allen.

Überflüssige Verdoppelungen (1)

Um einen Text nicht unnötig in die Länge zu ziehen, solltest du überflüssige Verdoppelungen vermeiden, wie zum Beispiel „großer Riese“ oder „zusammenaddieren“. Denn ein Riese ist immer groß, weshalb das Wort „Riese“ zur Beschreibung des Sachverhalts ausreicht. Addieren bedeutet bereits zusammenzählen, weshalb das Wort „addieren“ zur Beschreibung des Sachverhalts genügt.

1. Welche der folgenden Ausdrücke beinhalten überflüssige Verdoppelungen? Kreuze diese Ausdrücke an. Schlage unbekannte Ausdrücke im Wörterbuch nach.

☐ kleiner Zwerg	☐ netter Junge	☐ weißer Schimmel
☐ runder Ball	☐ kleines Kind	☐ alter Mann
☐ sparsamer Geizhals	☐ süßer Zucker	☐ rostiger Nagel
☐ hübsche Frau	☐ tote Leiche	☐ feuchter Niederschlag
☐ alter Greis	☐ großer Bruder	☐ männlicher Kater
☐ schwerer Koffer	☐ schwarzer Rappe	☐ verheiratetes Ehepaar
☐ neu renoviert	☐ heftiger Regen	☐ rote Farbe
☐ kurze Schnur	☐ verlogener Lügner	☐ schnelles Auto
☐ preiswertes Schnäppchen	☐ warme Jacke	☐ wunderbares Wunder
☐ runder Tisch	☐ weibliches Mädchen	☐ junge Frau
☐ weibliche Stute	☐ schwarze Katze	☐ männlicher Ochse
☐ jüngere Schwester	☐ zwei Zwillinge	☐ wertvolle Brosche
☐ drei Drillinge	☐ eiserne Tür	☐ nasses Wasser

Überflüssige Verdoppelungen (2)

Hier sind Textdetektive gefragt. In manchen Sätzen verbergen sich überflüssige Wörter. Finde diese und streiche sie durch.

a) In der Höhle trafen sie einen alten Greis.

b) Gestern war das Wetter schön.

c) Auf der Koppel standen eine braune Stute und ein weißer Schimmel.

d) Das Kind hatte einen runden Ball in der Hand.

e) In der Anzeige stand, dass die Wohnung neu renoviert ist.

f) Eine männliche Katze wird als „Kater“ bezeichnet.

g) Das weibliche Mädchen ritt auf einem schwarzen Rappen.

h) Er kaufte sich einen neuen Füller.

i) In der Stadt sind wir zwei Zwillingen begegnet.

j) Auf dem Boden krabbelte ein kleines Kind herum.

k) Im Schlafzimmer stand eine prunkvolle Truhe.

l) Nebenan ist ein verheiratetes Ehepaar eingezogen.

m) „Du verlogener Lügner!“, rief der kleine Zwerg.

n) Beim Einkaufen haben wir ein preiswertes Schnäppchen gemacht.

o) Hinter dem Busch stießen sie auf eine tote Leiche.

p) Ich habe mir einen männlichen Kater ausgesucht.

q) Er entschied sich für den Kauf des viereckigen Tisches.

r) Neulich ist mir ein wunderbares Wunder passiert.

s) Er transportierte das nasse Wasser in einem Eimer.

t) Sie trug rote Schuhe zu einem weißen Kleid.

Leicht verwechselbare Präteritumsformen

Bei einigen Präteritumsformen musst du aufpassen. Da sie ähnlich klingen, werden sie häufig miteinander verwechselt.

Welche Präteritumsform gehört zu welchem Infinitiv? Ordne zu.

sank – bot – riet – konnte – ritt – ließ – bat – sang – warb – las – wob – kannte

a) Er ____________ (bitten) Jan um Hilfe beim Umzug und ____________ (bieten) Jan dafür eine gute Bezahlung an.

b) Julia ____________ (lesen) ein Buch im Garten und ____________ (lassen) es sich gut gehen.

c) Ben ____________ (reiten) mit dem Pferd voraus und ____________ (raten) Jonas, mit dem Fahrrad hinterherzukommen.

d) Lara ____________ (kennen) sich nicht aus und ____________ (können) die Adresse nicht finden.

e) Mareike ____________ (weben) Tücher und ____________ (werben) für deren Verkauf mit deren schönen Farben.

f) Der Sänger ____________ (sinken) zu Boden, während er die Schlussstrophe ____________ (singen).

Nomen mit verschiedenen Artikeln (1)

Manche Nomen können mit zwei Artikeln stehen. Dabei ändert sich je nach Artikel die Bedeutung.

Beispiel: die Steuer (= gemeint ist die Lohnabgabe)
das Steuer (= gemeint ist die Lenkvorrichtung)

Welche Gegenstände, die durch dasselbe Nomen bezeichnet werden, sind jeweils auf den Bildern gegenübergestellt?
Notiere jeweils das gesuchte Nomen mit dem passenden Artikel.

a) ______________________

b) ______________________

a) ______________________

b) ______________________

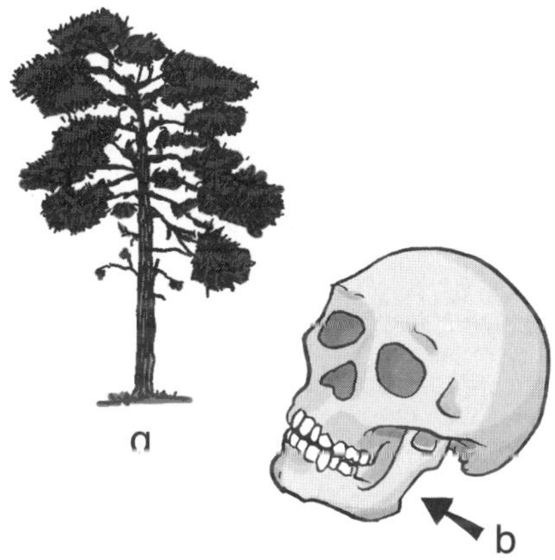

a) ______________________

b) ______________________

a) ______________________

b) ______________________

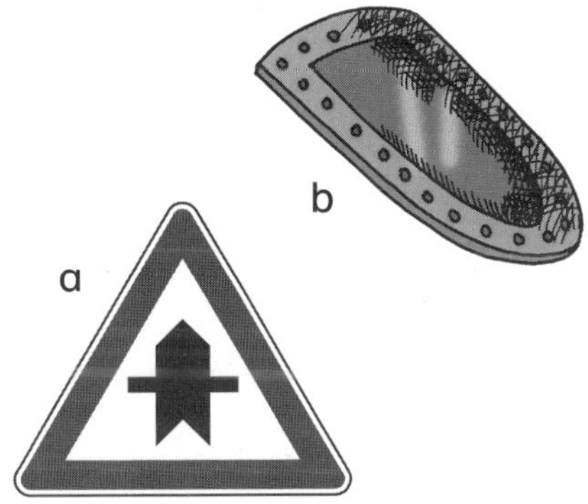

a) ______________________

b) ______________________

a) ______________________

b) ______________________

Nomen mit verschiedenen Artikeln (2)

Welche gleichlautenden Nomen, die mit zwei unterschiedlichen Artikeln stehen können, werden bei den Rätselpaaren jeweils beschrieben?
Schreibe die gesuchten Nomen mit den dazugehörigen Artikeln auf.

Tipps: (1) Schlage bei den Artikeln im Wörterbuch nach, wenn du unsicher bist.
(2) Beachte für Aufgabe e) auch die Bilder unten.

a) Seil: ______________________

Niederschlag: ______________________

b) Steighilfe: ______________________

Vorsteher: ______________________

c) Fehler: ______________________

Bügelmaschine: ______________________

d) Käufer: ______________________

Nachricht: ______________________

e) Inneres einer Frucht: ______________________

Grenzland: ______________________

f) Lohn: ______________________

persönliche Leistung: ______________________

g) Lastkraftwagen (LKW): ______________________

Untugend/schlechtes Verhalten: ______________________

h) Meer: ______________________

stehendes Binnengewässer: ______________________

i) Pfahl: ______________________

Intensivfütterung von Tieren: ______________________

j) Ungläubiger: ______________________

unbebautes, sandiges Land: ______________________

k) Korridor im Haus: ______________________

nutzbare Ackerfläche: ______________________

l) große Tür: ______________________

dummer, einfältiger Mensch: ______________________

Nomen mit verschiedenem Plural (1)

Bei manchen Nomen, die eine gleichlautende Singularform mit zwei Bedeutungen haben, musst du aufpassen. Denn sie haben je nach Bedeutung eine andere Pluralform.

Beispiel: die Blocks (Papierstapel) ➜ die Blöcke (Steinklötze)

Welche Pluralformen von Nomen mit gleichlautender Singularform sind hier gesucht? Ergänze die Pluralformen entsprechend der Angabe in der Klammer. Benutze ein Wörterbuch, falls du bei den Formen unsicher bist.

a) die ________________ (Sitzgelegenheiten) ➜ die ________________ (Kreditinstitute)

b) die ________________ (Nadelbäume) ➜ die ________________ (Schädelknochen)

c) die ________________ (Hinweistafeln) ➜ die ________________ (Schutzwaffen)

d) die ________________ (Steighilfen) ➜ die ________________ (Vorsteher)

e) die ________________ (Landwirte) ➜ die ________________ (Käfige)

f) die ________________ (gebundene Blumen) ➜ die ________________ (Laufvögel)

g) die ________________ (Fehler) ➜ die ________________ (Bügelmaschinen)

h) die ________________ (Schnüre) ➜ die ________________ (Bücher)

i) die ________________ (Abgaben) ➜ die ________________ (Lenkvorrichtungen)

j) die ________________ (Korridore) ➜ die ________________ (Ackerflächen)

k) die ________________ (große Türen) ➜ die ________________ (einfältige, dumme Menschen)

l) die ________________ (einzelne Ausdrücke, Buchstabenfolgen) ➜

die ________________ (zusammenhängende Rede)

Nomen mit verschiedenem Plural (2)

Welche Pluralformen mit gleichlautender Singularform sind hier gesucht?
Ergänze die fehlenden Pluralformen sinnentsprechend.

a) Die Bibliothekarin räumte die Lexikon ______________________ ins Regal.

b) Sie stellten zur Dekoration mehrere Blumen ______________________ auf den Tisch.

c) Morgen versammeln sich die Schul ______________________ im Schulamt.

d) Die Schutz ______________________ der Ritter waren kostbar verziert.

e) ______________________ zählen zu den Nadelbäumen.

f) In der Wäscherei gab es drei Wäsche ______________________ .

g) Sie schlossen die Eingangs ______________________ zum Park jeden Abend um 19.00 Uhr.

h) Es waren schon fast alle Park ______________________ besetzt.

i) An der Kreuzung standen vier Hinweis ______________________ .

j) Durch das Unwetter erlitten viele Acker ______________________ Ernteverluste.

k) Zum Obstpflücken nahmen sie mehrere Holz ______________________ mit.

l) Das defekte Produkt wies etliche Qualitäts ______________________ auf.

m) Der Juwelier bot der Frau mehrere Arm ______________________ an.

n) Zeichen ______________________ gibt es im Schreibwarenladen zu kaufen.

o) Die Zahl der Finanz ______________________ ist letztes Jahr gesunken.

p) Adjektive werden auch als Eigenschafts ______________________ bezeichnet.

Spannungssteigernde Ausdrücke einbauen

Mithilfe von spannungssteigernden Ausdrücken kannst du den Leser oder die Leserin an deine Erzählung fesseln.

1. Bei den spannungssteigernden Ausdrücken, wie zum Beispiel „plötzlich", sind die Wortsilben teilweise oder ganz abhanden gekommen. Suche sie aus dem Silbensalat heraus und ergänze sie an der passenden Stelle.
Die vorgegebenen Linien, die dir die jeweilige Wort- und Silbenanzahl anzeigen, helfen dir dabei.

ein – hei – te –rem – lig – un – Him – er – mal – war – mel – tet – er – jäh – tig

(1) auf ____ ____

(2) völ ____ ____ ____ ____ ____

(3) aus ____ ____ ____ ____ ____

(4) blitz ____ ____

(5) ____

2. Ergänze den Lückentext sinnvoll. Verwende dazu jeden Ausdruck aus Aufgabe 1 einmal.

Neulich lag Niklas in seinem Bett und schlief. Es war stockfinstere Nacht. ____________ wachte er auf, weil er ein unheimliches Geräusch hörte. ____________ schien etwas über den Fußboden zu huschen. „Was ist das bloß? Hoffentlich ist es keine Ratte", dachte er. ____________ sprang er aus dem Bett und tastete sich eilig Richtung Tür, wo sich der Lichtschalter befand. Doch als er den Schalter drückte, blieb Niklas ____________ stehen. ____________ schoss ein Wesen auf ihn zu: Es war keine Ratte, nein, es war sein Kater, der sich unbemerkt in sein Zimmer geschlichen hatte. Da musste Niklas über seine Angst ____________ lachen.

Abwechslungsreich berichten und beschreiben

Um deinen Text abwechslungsreicher zu gestalten, solltest du nicht immer dieselbe Satzgliedstellung wählen und nicht ständig dieselben Verben benutzen. Stelle stattdessen Satzglieder um, verbinde Sätze durch Konjunktionen und ersetze häufig wiederholte Verben durch verschiedene gleichbedeutende Verben.

Beispiel:

Text 1
Mein Schäferhund Tommy ist groß und kräftig. Er hat einen langen buschigen Schwanz mit langen Haaren. Tommy hat schwarzes leicht gewelltes Fell. Er hat eine weiße Schwanzspitze. Er hat braune Augen. Er hat ein grünes Lederhalsband an.

Diesen Text kannst du folgendermaßen verändern:

Text 2
Mein Schäferhund Tommy ist groß und kräftig. Er hat einen langen buschigen Schwanz mit langen Haaren. Tommy besitzt schwarzes leicht gewelltes Fell und eine weiße Schwanzspitze. Seine Augen sind braun und er trägt ein grünes Lederhalsband.

Gestalte die Beschreibung von Katze Susi sprachlich abwechslungsreicher. Dabei kannst du dich an dem obigen Beispiel orientieren. Schreibe ins Heft.

Meine Katze Susi ist groß und kräftig. Sie hat kurze Beine. Sie hat schwarzgrau-braun getigertes dichtes Fell. Sie hat einen weißen Brustfleck. Sie hat große, runde, grünliche Augen. Sie hat ein rotes Halsband mit goldener Glocke an.

Andere Verben für „machen“ (1)

Um einen Text abwechslungsreicher und im sprachlichen Ausdruck genauer zu gestalten, solltest du „machen“ möglichst immer durch andere gleichbedeutende Verben ersetzen.

Durch welches Verb aus dem Kasten kannst du „machen“ ersetzen? Ordne zu.

abstellen – entfernen – erleiden – legen – zeigen – öffnen – festdrehen – durchfeiern – reparieren – befestigen – schließen – hochziehen – vollenden – anschalten – zerstören – herunterlassen – säubern – erwärmen

a) das Fenster zumachen ➜ das Fenster ______________________

b) die Tür aufmachen ➜ die Tür ______________________

c) Dreck wegmachen ➜ Dreck ______________________

d) etwas kaputt machen ➜ etwas ______________________

e) etwas wieder ganz machen ➜ etwas ______________________

f) Käse daraufmachen ➜ Käse darauf ______________________

g) eine Arbeit fertig machen ➜ eine Arbeit ______________________

h) eine Schraube festmachen ➜ eine Schraube ______________________

i) das Rollo hochmachen ➜ das Rollo ______________________

j) die Jalousie heruntermachen ➜ die Jalousie ______________________

k) das Licht anmachen ➜ das Licht ______________________

l) die Heizung ausmachen ➜ die Heizung ______________________

m) einen Arbeitsschritt vormachen ➜ einen Arbeitsschritt ______________________

n) etwas an der Wand festmachen ➜ etwas an der Wand ______________________

o) eine Nacht durchmachen ➜ eine Nacht ______________________

p) Schreckliches durchmachen ➜ Schreckliches ______________________

q) eine Speise warm machen ➜ eine Speise ______________________

r) etwas saubermachen ➜ etwas ______________________

Andere Verben für „machen“ (2)

In der Wortschlange verbergen sich Verben, die du anstelle von „machen“ verwenden kannst.
a) Finde die Verben, indem du sie durch Bleistiftlinien voneinander trennst.
b) Ordne die Verben anschließend den sprachlichen Wendungen zu.

aufschreibenanfertigenunternehmenkochenvergebenverabreden

backengewinnenerledigenerzielenzubereitenbereiten

1. Suppe machen

   Suppe ______________________

2. Kuchen machen

   Kuchen ______________________

3. Hausarbeit machen

   Hausarbeit ______________________

4. Notizen machen

   Notizen ______________________

5. Gewinn machen

   Gewinn ______________________

6. Termine machen

   Termine ______________________

7. Hausaufgaben machen

   Hausaufgaben ______________________

8. eine Freude machen

   eine Freude ______________________

9. einen Treffpunkt machen

   einen Treffpunkt ______________________

10. Erfahrungen machen

    Erfahrungen ______________________

11. eine Reise machen

    eine Reise ______________________

12. Nachtisch machen

    Nachtisch ______________________

Andere Verben für „machen“ (3)

In dem folgenden Auszug aus einer Bedienungsanleitung hat der Verfasser des Textes leider immer wieder das Verb „machen“ verwendet. Verbessere den Text sprachlich, indem du „machen“ durch andere Verben ersetzt und die verbesserte Textversion unten notierst.

Bedienungsanleitung für den KLICKI-Wecker

Machen Sie den Wecker aus der Verpackung heraus und machen Sie die Verpackung in den Müll. Machen Sie hierauf das Batteriefach vorsichtig auf und machen Sie die Batterie heraus. Nun können Sie die Schutzpappe wegmachen, indem Sie vorsichtig an dem roten Ende ziehen. Machen Sie hiernach die Batterie wieder in das Batteriefach hinein. Achten Sie dabei auf die richtige Polarisierung. Machen Sie als Nächstes das Batteriefach wieder zu. Jetzt müsste der Wecker anfangen zu ticken, sodass Sie die Uhrzeit einstellen können.

Andere Ausdrücke für „dann“

Bei der Beschreibung von zeitlichen Handlungsabfolgen solltest du die wiederholte Benutzung von „dann“ vermeiden. Stattdessen gibt es etliche gleichbedeutende Ausdrücke, die du anstelle von „dann“ benutzen kannst.

Aus der Zubereitungsanleitung für „Toast Hawaii“ hat jemand bis auf ein „dann“ alle „danns“ gelöscht. Ergänze stattdessen die Ausdrücke aus dem Kasten. Dabei ist die Buchstabenanzahl durch Striche vorgegeben. Außerdem hilft dir die vorgegebene Groß- und Kleinschreibung beim Zuordnen.

hiernach – Nun – anschließend – Als Nächstes – hierauf – schließlich – Danach –
Als Letztes – Nachdem – jetzt – darauf – Als nächsten Schritt – zum Abschluss – zuerst

Toast Hawaii

Als Zutaten benötigst du Toasts, Margarine, Schinken, Ananasscheiben und Butterkäse sowie Kirschen zum Garnieren.

Säubere _ _ _ _ _ _ die Hände und die Arbeitsfläche. Stelle dann den Toaster und die Zutaten bereit und lege _ _ _ _ _ das Backblech mit Papier aus. _ _ _ _ _ _ toastest du so viele Toasts, wie du benötigst, auf mittlerer Stufe. Pro Person solltest du dabei zwei Toasts rechnen.

Lege die Toasts _ _ _ _ _ _ _ nebeneinander auf ein großes Holzbrettchen.

_ _ _ _ _ _ _ _ _ _ _ _ _ _ _ _ _ _ beschmierst du die Toasts dünn mit Margarine. _ _ _ _ _ _ _ du die Toasts jeweils mit einer Schinkenscheibe belegt hast, folgt jeweils eine Ananasscheibe.

_ _ _ _ _ _ _ _ _ _ _ kommt jeweils eine Scheibe Butterkäse.

_ _ _ _ _ _ _ _ werden die Toasts auf das Backblech gelegt und

_ _ _ _ _ _ _ _ _ _ _ _ in den Backofen geschoben. Backe die Toasts

_ _ _ _ _ _ 10 bis 15 Minuten bei 200 Grad Umluft, bis der Käse leicht braun ist.

Nimm die Toasts _ _ _ _ _ _ _ _ _ _ _ _ aus dem Ofen und

lasse sie _ _ _ _ _ _ _ _ _ _ _ kurz abkühlen.

_ _ _ _ _ _ _ _ _ _ _ werden die Toasts mit einer Kirsche garniert. _ _ _ kannst du die Toasts servieren.

Genau berichten und beschreiben

Beim Berichten und Beschreiben ist es wichtig, dass du über den Vorgang genau berichtest oder den Vorgang genau beschreibst. Denn so können die Adressaten deinen Ausführungen besser folgen.
Vermeide deshalb ungenaue Bezeichnungen wie „Teil" oder „Ding" und ungenaue Verben wie „machen" und „tun" in deinem Bericht oder deiner Beschreibung. Benutze stattdessen die entsprechenden Fachbezeichnungen und treffende Verben, wie zum Beispiel „die Schraube wird herausgedreht" statt „das Ding wird rausgemacht".

1. Welche Beschreibung ist besser? Kreuze an.

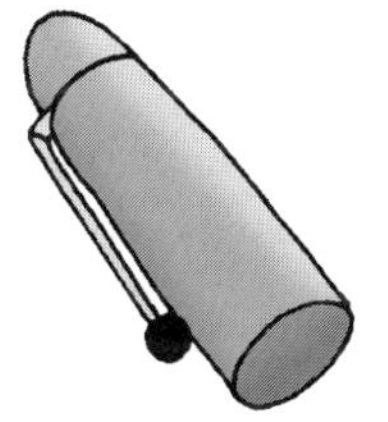

☐ Zum Wechseln der Tintenpatrone machst du zuerst das Teil außen ab. Hierauf machst du die beiden Füllerteile auseinander und machst das Ding aus dem Teil raus, indem du das Ding vorsichtig nach hinten machst ...

☐ Zum Wechseln der Tintenpatrone entfernst du zuerst die Füllerkappe. Hierauf schraubst du die beiden Füllerhälften auseinander und nimmst die leere Patrone aus dem Füller heraus, indem du die Patrone vorsichtig nach hinten ziehst ...

2. Überarbeite die Fortsetzung der Beschreibung, indem du die ungenauen Formulierungen durch genauere ersetzt.
Schreibe ins Heft. Wenn du möchtest, kannst du die Fachbezeichnungen und Verben aus den Wortspeichern zu Hilfe nehmen.

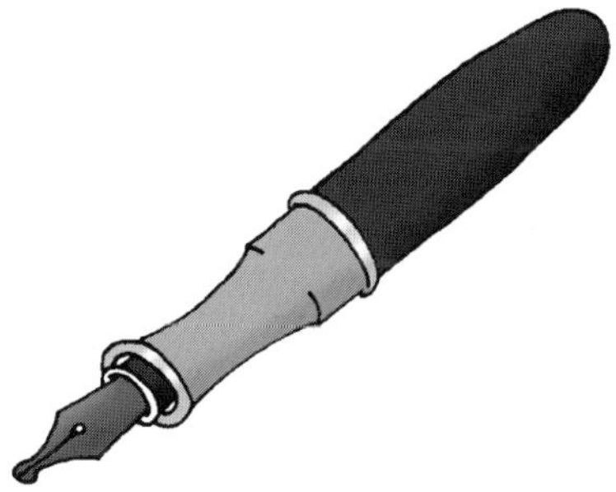

... Jetzt kannst du das Ding reinmachen. Dazu musst du das Ding mit der Kugel nach oben in das Füllerteil reintun, aus dem du das leere Ding gemacht hast. Am Schluss solltest du kurz drücken, damit die Kugel sich aufdrückt und das Zeug fließen kann. Wenn das Ding richtig sitzt, machst du das Füllerteil vorsichtig wieder darauf und machst es fest.
Als Letztes machst du das Ding wieder zu mit dem Teil, damit das Zeug nicht austrocknet.

Tinte – neue, volle Patrone – vordere Füllerhälfte – Patrone – hintere Füllerhälfte –
Tinte – Füllerkappe – leere Patrone – Füller – Patrone
einführen – verschließen – festschrauben – ziehen – einsetzen – daraufschieben

Konjunktionen zur Verknüpfung von Sätzen (1)

Mit Konjunktionen kannst du Sätze logisch verknüpfen und dadurch Sachverhalte genauer ausdrücken.
Wie du der Tabelle entnehmen kannst, wird zwischen verschiedenen Arten von Konjunktionen unterschieden.

Leider sind in der Konjunktionsspalte einige Vokale verloren gegangen. Ergänze die Vokale.

Grammatischer Begriff	Aufgabe	Konjunktionen
temporal	Gibt das Zeitverhältnis an: *Als wir losfuhren, schneite es.*	__ls; nachd__m; w__hrend; bev__r; __he; b__s; sob__ld; w__rauf; sol__nge; inzw__schen
kausal	Gibt den Grund an: *Er friert, weil es kalt ist.*	w__il; d__; d__nn; d__her; desh__lb; desw__gen
final	Gibt das Ziel oder den Zweck an: *Sie lernt, damit sie eine gute Note bekommt.*	d__mit; __m ... zu
konsekutiv	Gibt die Folge an: *Er hat kein Geld, sodass er nichts kaufen kann.*	s__dass; d__ss; f__lglich; __lso
konzessiv	Gibt die Einräumung an: *Er rennt ohne Jacke heraus, obwohl es kalt ist.*	obw__hl; obsch__n; obgl__ich; tr__tzdem; w__nngleich; wenn a__ch
konditional	Gibt die Bedingung an: *Ich warte, wenn du möchtest.*	w__nn; f__lls; s__fern
modal	Gibt die Art und Weise oder die Begleitumstände an: *Du öffnest das Rollo, indem du hier ziehst.*	ind__m; w__mit; ohne d__ss; w__bei; d__durch, dass

Konjunktionen zur Verknüpfung von Sätzen (2)

1. Welche Konjunktion passt zu welchem Satz? Ergänze die Lücken.

denn – falls – weil – damit – nachdem – während – indem – weil – sodass – bevor – denn – obwohl

a) Sie war glücklich, ________________ sie eine gute Note erhielt.

b) Er verlieh seiner Wut Ausdruck, ________________ er laut brüllte.

c) Übe die Vokabeln, ________________ du beim Test besser abschneidest!

d) Er tankte noch schnell, ________________ er auf die Autobahn fuhr.

e) Nimm einen Schirm mit, ________________ es ist bewölkt.

f) Sie fuhren ab, ________________ sie das Gepäck verladen hatten.

g) Er kaufte sich die Schuhe, ________________ sie teuer waren.

h) Vorsicht, es ist glatt draußen, ________________ du leicht ausrutschen kannst!

i) Das Baby schreit, ________________ es hat Hunger.

j) Ich kann dir Äpfel mitbringen, ________________ du es möchtest.

k) Sie rannte schon los, ________________ er noch überlegte.

l) Er kaufte das Buch, ________________ sich der Klappentext spannend anhörte.

2. Welche temporale Konjunktion passt vom Sinn her zu welchem Satz? Ergänze die Lücken.

inzwischen – Sobald – als – Ehe

a) ________________ sie sich Mantel und Schuhe angezogen hatte, ging sie los.

b) ________________ er losfuhr, überprüfte er, ob genug Benzin im Tank war.

c) Ben wollte Tom anrufen, ________________ war Tom jedoch eingetroffen.

d) In dem Moment, ________________ der Zug endlich in den Bahnhof einfuhr,

hatte ihn der Anschlusszug schon verlassen.

Konjunktionen zur Verknüpfung von Sätzen (3)

1. Verbinde die beiden Sätze mithilfe der in Klammern stehenden Konjunktion.

Beispiel: Sie gewinnt den Lauf. Sie ist zuletzt gestartet. (obgleich)
Sie gewinnt den Lauf, obgleich sie zuletzt gestartet ist.

a) Sie kauft sich ein Brötchen. Sie hat Hunger. (weil)

___

b) Er setzt seine Brille auf. Er kann besser sehen. (damit)

___

c) Das Kind fiel hin. Seine Hose war schmutzig. (sodass)

___

d) Sie brachen auf. Das Wetter war unbeständig. (obwohl)

___

e) Du startest die Maschine. Du drückst den grünen Knopf. (indem)

___

2. Verbinde die beiden Sätze durch eine sinnvolle Konjunktion.

a) Sie freut sich. Ihre Oma kommt morgen zu Besuch.

___

b) Er hat die beste Arbeit geschrieben. Er hat nicht gelernt.

___

c) Ihr Geldbeutel war leer. Sie konnte sich nichts mehr kaufen.

___

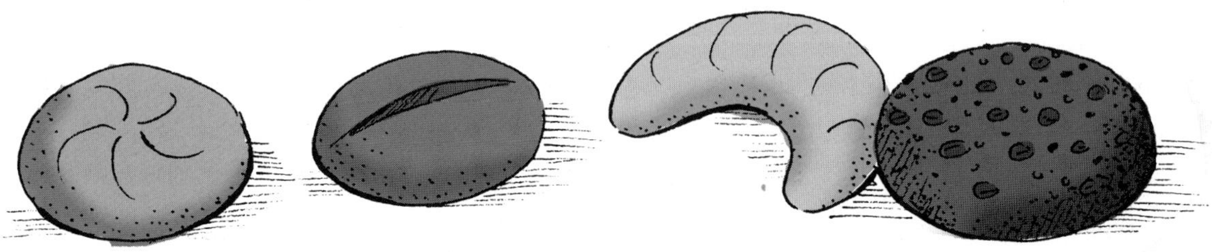

Den richtigen Sprachstil treffen

Wenn du einen Text schreibst, musst du darauf achten, dass du einen Schreibstil einhältst, der der Hochsprache entspricht. Du darfst also umgangssprachliche Wendungen aus dem Mündlichen sowie der Jugendsprache nicht einfach ins Schriftdeutsch übertragen, sondern musst sie durch hochsprachliche Wendungen ersetzen oder weglassen.

Beispiele:
Nicht: „Der Mann knallte dem Jungen eine", sondern: „Der Mann schlug den Jungen."
Nicht: „Der Typ war ratlos", sondern: „Der Mann war ratlos."
Nicht: „Verkäufer schimpfte voll los", sondern: „Der Verkäufer schimpfte los."
Nicht: „Die Frau kam wütend raus", sondern: „Die Frau kam wütend heraus."

1. Welchen Satz darfst du jeweils in der Hochsprache verwenden? Kreuze an.

a) ☐ Nils entwendete unbemerkt vier Packungen Kaugummi.
☐ Nils ließ unbemerkt vier Packungen Kaugummi mitgehen.

b) ☐ Sandra war echt voll sauer und trat zurück, sodass Ingo die Treppe runterfiel.
☐ Sandra war sehr verärgert und trat zurück, sodass Ingo die Treppe herunterfiel.

c) ☐ Dem Kerl war echt nicht zu helfen.
☐ Dem Mann war wirklich nicht zu helfen.

2. Übertrage den Bericht ins Schriftdeutsche. Schreibe ins Heft.

Sachlich berichten und beschreiben

Berichte und Beschreibungen müssen immer in einem sachlichen Schreibstil abgefasst sein. Das bedeutet, dass der Text …
(1) keine persönlichen Gefühle oder Bewertungen, wie zum Beispiel „dummer Junge“,
(2) keine wörtliche Rede, wie zum Beispiel „Aua, aua!“, und
(3) keine spannungssteigernden Ausdrücke, wie zum Beispiel „plötzlich“ oder „auf einmal“, enthalten darf.

1. Welcher Satz ist jeweils in sachlichem Schreibstil verfasst? Kreuze an.

a) ☐ Gestern fand im Aue-Stadion ein spannendes Fußballspiel statt.

☐ Gestern fand im Aue-Stadion ein Fußballspiel statt.

b) ☐ Ein blöder Junge aus der Klasse 5a stellte mir ein Bein, sodass ich stolperte.

☐ Ein Junge aus der Klasse 5a stellte mir ein Bein, sodass ich stolperte.

c) ☐ Das Kind stürzte und schrie vor Schmerzen.

☐ Das Kind stürzte und schrie: „Aua, aua!“

d) ☐ Dann kam Lisa plötzlich auf dem Pferd um die Ecke geritten.

☐ Dann kam Lisa auf dem Pferd um die Ecke geritten.

2. Dieser Bericht enthält unsachliche Stellen.
a) Unterstreiche und verbessere sie.
b) Schreibe den verbesserten Text anschließend ins Heft.

Aus dem Polizeibericht

Gestern ereignete sich in der Kieler Innenstadt ein dreister Banküberfall, bei dem die skrupellosen Täter hohe Beute machten. Gegen 15.00 Uhr tauchten die beiden schwarzmaskierten Täter plötzlich im Schalterraum der Ixi-Bank auf und schrien: „Geld, Geld!“ Als das Bankpersonal nicht reagierte, nahmen sie aus heiterem Himmel eine Bankangestellte als Geisel und stießen die arme Frau zu Boden, die „Aua, aua!“ schrie, worauf der eine Täter herzlos nach ihr trat. Daraufhin händigte ein anderer Bankangestellter den Tätern das geforderte Geld aus, wonach die Bankräuber schnell flüchteten. Eine sofort eingeleitete Fahndung der Polizei nach den Bankräubern blieb blöderweise erfolglos. Die Täter erbeuteten über 25 000 Euro, eine hübsche Summe. Die Bankangestellte wurde an der Hand verletzt.

Unregelmäßige Imperativformen

Bei einigen Verben mit „e“ musst du aufpassen. Denn sie bilden im Singular (Einzahl) unregelmäßige Imperativformen (Befehlsformen).

Beispiele: lesen ➜ Lies!
essen ➜ Iss!

Ergänze die passenden Imperativformen zu den Verben in Klammern.

Sieh – Gib – Empfiehl – Wirf – Hilf – Sei – Lies – Unterbrich – Vergiss – Nimm – Versprich – Iss – Sprich

a) ______________ (sprechen) beim Referat laut und deutlich.

b) ______________ (nehmen) beim Vortragen die Hände aus den Taschen.

c) ______________ (sehen) die Zuschauer an.

d) ______________ (lesen) den Text nicht Wort für Wort ab.

e) ______________ (werfen) den Text mit dem Beamer an die Wand.

f) ______________ (vergessen) nicht, den Vortrag mit Bildern zu untermauern.

g) ______________ (geben) am Anfang einen Überblick über deinen Vortrag.

h) ______________ (essen) nicht während des Vortrags.

i) ______________ (helfen) den Zuhörern den Vortrag besser zu verstehen, indem du kurze Sätze verwendest.

j) ______________ (empfehlen) den Zuhörern Literatur zu deinem Thema.

k) ______________ (unterbrechen) den Vortrag erst am Ende für Zuhörerfragen.

l) ______________ (versprechen) am Anfang, Zuhörerfragen am Ende zu beantworten.

m) ______________ (sein) nicht aufgeregt während des Vortrages. Du schaffst das.

Pluralbildung von Fremdwörtern (1)

Bei der Pluralbildung von Fremdwörtern musst du aufpassen, denn diese haben oft eine unregelmäßige Pluralform. Deshalb solltest du dir die unregelmäßigen Formen merken und im Zweifelsfall im Wörterbuch nachschlagen.

1. Welche Pluralform passt zu welcher Singularform?
Ordne die Pluralformen aus dem Kasten den vorgegebenen Singularformen zu.

Konten – Rhythmen – Firmen – Praktika – Museen – Zentren – Materialien – Alben – Praxen – Daten – Gymnasien – Zirkusse – Ministerien – Kakteen – Dramen – Viren – Mythen – Celli

a) das Museum – die ______________

b) die Praxis – die ______________

c) der Rhythmus – die ______________

d) das Gymnasium – die ______________

e) das Album – die ______________

f) das Drama – die ______________

g) das Praktikum – die ______________

h) der/das Virus – die ______________

i) das Cello – die ______________

j) die Firma – die ______________

k) das Material – die ______________

l) das Konto – die ______________

m) das Datum – die ______________

n) das Ministerium – die ______________

o) das Zentrum – die ______________

p) der Kaktus – die ______________

q) der Zirkus – die ______________

r) der Mythos – die ______________

2. Ergänze die fehlenden Endungen bei den Pluralformen.

a) Auf der Fensterbank stehen mehrere Kak______________ .

b) In Marburg gibt es mehrere Gymna______________ .

c) Auf dem Schulhof spielen sich oft kleine Dram______________ ab.

d) Auf dem Tisch liegen mehrere Fotoalb______________ .

Pluralbildung von Fremdwörtern (2)

Bei der Pluralbildung von Fremdwörtern musst du aufpassen, denn diese haben oft eine oder sogar zwei unregelmäßige Pluralformen. Deshalb solltest du dir die unregelmäßigen Formen merken und im Zweifelsfall im Wörterbuch nachschlagen.

Welche beiden Pluralformen können die Wörter bilden? Ordne zu.

Visa – Atlanten – Ballons – Pizzen – Kommas – Examen – Lexika – Magnete – Balkons – Themen – Risiken – Globen – Ballone – Pizzas – Examina – Visen – Themata – Atlasse – Kommata – Balkone – Magneten – Globusse – Lexiken – Risikos

a) das Thema – die ______________
die ______________

b) das Lexikon – die ______________
die ______________

c) der Balkon – die ______________
die ______________

d) der Atlas – die ______________
die ______________

e) die Pizza – die ______________
die ______________

f) der Magnet – die ______________
die ______________

g) der Ballon – die ______________
die ______________

h) das Komma – die ______________
die ______________

i) der Globus – die ______________
die ______________

j) das Visum – die ______________
die ______________

k) das Risiko – die ______________
die ______________

l) das Examen – die ______________
die ______________

Pluralbildung von Fremdwörtern (3)

Beherrscht du die unregelmäßigen Pluralformen nun sicher? Teste dich!

1. Ergänze die Pluralformen.

a) die Praxis – die ________________

b) das Ministerium – die ________________

c) das Museum – die ________________

d) das Zentrum – die ________________

e) der/das Virus – die ________________

f) der Zirkus – die ________________

g) die Firma – die ________________

h) das Material – die ________________

2. Welche Pluralform ist jeweils richtig? Kreuze an.

a) das Konto –
- ☐ die Kontos
- ☐ die Konten

b) das Praktikum –
- ☐ die Praktika
- ☐ die Praktikas

c) das Album –
- ☐ die Alben
- ☐ die Albums

d) das Datum –
- ☐ die Datums
- ☐ die Daten

3. Welche beiden Pluralformen sind richtig? Kreuze an.

a) das Visum –
- ☐ die Visen
- ☐ die Visas
- ☐ die Visa

b) der Globus –
- ☐ die Globen
- ☐ die Globusse
- ☐ die Globi

c) das Lexikon –
- ☐ die Lexikons
- ☐ die Lexika
- ☐ die Lexiken

d) der Atlas –
- ☐ die Atlanta
- ☐ die Atlasse
- ☐ die Atlanten

e) das Komma –
- ☐ die Komma
- ☐ die Kommatas
- ☐ die Kommata

f) die Pizza –
- ☐ die Pizzas
- ☐ die Pizza
- ☐ die Pizzen

Die Schreibung des Plurals bei Fremdwörtern mit „y“ am Wortende

Bei Fremdwörtern aus dem Englischen, die auf „y“ enden, musst du bei der Pluralbildung aufpassen. Hier wird im Deutschen einfach nur noch ein „s“ angehängt. Die englische Pluralschreibweise mit „ies“ am Ende gilt dagegen als falsch.

Beispiel: das Hobby ➜ die Hobbys

1. **Leider sind hier jeweils die Buchstaben durcheinandergeraten. Bringe sie in die richtige Reihenfolge und notiere das Fremdwort mit „y“ jeweils im Singular und Plural.**

a) A B Y B

das ____________________

die ____________________

b) Y P N O

das ____________________

die ____________________

c) D E T Y D

der ____________________

die ____________________

d) T Y C I

die ____________________

die ____________________

e) T A P R Y

die ____________________

die ____________________

f) R O S T Y

die ____________________

die ____________________

g) A L D Y

die ____________________

die ____________________

h) W R O Y D

der ____________________

die ____________________

i) B O B Y H

das ____________________

die ____________________

2. **Obwohl die Bezeichnung für die abgebildeten Gegenstände nicht aus dem Englischen stammt, schreibt sich der Plural genauso wie bei den anderen Wörter mit „y“ am Ende. Was ist auf dem Bild zu sehen?**

Man sieht zwei ______________________

Die Verwendung von „das“ und „was“ im Relativsatz

Bei der Verwendung von „das“ und „was“ zu Beginn eines Relativsatzes musst du aufpassen.

Bezieht sich das Relativpronomen auf ein sächliches Nomen, muss es immer „das“ heißen.
Beispiel: Das Kind, das dort steht, weint.

„Was“ muss dagegen verwendet werden, wenn sich das Relativpronomen auf den ganzen Satz bezieht,
Beispiel: Igor kam schon wieder zu spät, was den Lehrer verärgerte.

oder wenn sich das Relativpronomen auf einen Superlativ (höchste Steigerungsform) bezieht, der zum Nomen geworden ist.
Beispiel: Es war das Beste, was ihm passieren konnte.

„Das“ oder „was“? Ergänze.

a) Das Kleid, ____________ sie trug, war sehr kostbar.

b) Es war das Schönste, ____________ sie jemals gesehen hatte.

c) Das Schloss, ____________ sie entdeckt hatten, war prächtig.

d) Das Pferd, ____________ dort stand, war groß und kräftig.

e) Der Zwerg besaß ein Wunderschwert, ____________ der Riese nicht wusste.

f) Der Prinz hatte den ganzen Tag gekämpft, ____________ ihn erschöpfte.

g) Es war das Schlimmste, ____________ der Prinzessin passieren konnte.

h) Das Mädchen, ____________ aus dem Fenster schaute, war wunderschön.

Die richtige Verwendung von „wo“

Bei der Verwendung von „wo“ musst du aufpassen. Bei indirekten Fragesätzen ist sie immer korrekt.

Beispiele: Er fragt, **wo** sie wohnt.
Sie überlegt, **wo** sie ihr Auto geparkt hat.

Bei Relativsätzen dagegen darfst du „wo“ anstelle eines Relativpronomens nur benutzen, wenn es sich auf einen Ort oder einen Zeitpunkt bezieht.

Beispiele: Das Haus, **wo** er wohnt, hat ein Reetdach. (Ort)
Am Sonntag, **wo** er zu seiner Oma fuhr, schien die Sonne. (Zeitpunkt)

Ansonsten ist bei Relativsätzen nur die Verwendung des Relativpronomens mit Präposition oder ohne Präposition korrekt.

Beispiele: Das Fußballspiel, **bei dem** Berlin gegen Hamburg spielte, war gut besucht.
Der Unfall, **bei dem** zwei Linienbusse zusammenfuhren, ereignete sich in Igstadt.
Der Mann, **der** dort stand, sah verärgert aus.

1. Kreuze die Sätze an, bei denen die Verwendung von „wo“ falsch ist.

a) ☐ Sie erkundigte sich, wo der Bahnhof war.

b) ☐ Der Fall, wo die Mutter ihr Kind verhungern lassen hat, wird vor Gericht verhandelt.

c) ☐ Am Montag, wo sie ihn eingeladen hatte, war er nicht gekommen.

d) ☐ Er wartete vor dem Rathaus auf sie, wo sie sich verabredet hatten.

e) ☐ Das Fach, wo er die beste Note hatte, war Englisch.

f) ☐ Sie handelten einen Kompromiss aus, wo beide Seiten nachgeben mussten.

g) ☐ Der Junge, wo auf der Straße stand, lachte.

2. Verbessere die folgenden Sätze, indem du „wo“ durch ein Relativpronomen mit Präposition ersetzt. Schreibe ins Heft.

Beispiel: An das Turnier, wo er gestürzt war, erinnerte er sich nur ungern.
An das Turnier, bei dem er gestürzt war, erinnerte er sich nur ungern.

a) Die Unglücksfahrt, wo der Zug entgleiste, ereignete sich nachts.

b) Der Streit, wo sie sich in die Haare geraten waren, konnte inzwischen beigelegt werden.

c) Der Anschlag, wo gestern drei Menschen getötet wurden, ereignete sich in Kairo.

Zum Gebrauch von „wie“ und „als“ bei Vergleichen

Beim Gebrauch von „wie“ und „als“ bei Vergleichen musst du aufpassen. Denn hier gilt folgende Regelung:
Bei Gleichheit ist „wie“ zu verwenden und bei Ungleichheit „als“.

Beispiele:
Sandra ist so groß wie Julia. ➜ Gleichheit, beide Mädchen sind gleich groß.
Sandra ist größer als Julia. ➜ Ungleichheit, beide Mädchen sind unterschiedlich groß, denn Sandra ist größer als Julia.

Du darfst also nach dem **Komparativ**, der ersten Steigerungsform des Adjektivs, in der Schriftsprache nur **„als“** benutzen, die Verwendung von „wie“ ist dagegen falsch.

1. Ergänze bei den Satzpaaren „wie“ oder „als“.

a) Ben schwamm so schnell ________ Tobias.

Ben schwamm schneller ________ Tobias.

b) Er war so stark ________ ein Löwe.

Er war stärker ________ ein Löwe.

c) Die Fahrt wird länger dauern ________ nach Berlin.

Die Fahrt wird so lange dauern ________ nach Berlin.

2. Ergänze bei den Sätzen „wie“ oder „als“.

a) Er trampelte ________ ein Elefant.

b) Es ist heute wärmer ________ gestern.

c) Ich bin in Englisch besser ________ in Mathematik.

d) Der Stoff fühlte sich so weich ________ Samt an.

e) Auf der Insel ist es windiger ________ am Festland.

f) Janik hat mehr Aufgaben geschafft ________ Frank.

g) Der Zwerg war klüger ________ der Riese.

Genitiv nach „wegen, infolge, kraft, statt, aufgrund"

Nach „wegen, infolge, kraft, statt" und „aufgrund" steht immer der Genitiv.

Beispiel: Wegen eines Lokschadens verspätet sich die Ankunft des Zuges.

1. Ergänze die in Klammern stehenden Wortgruppen im richtigen Fall.

a) Der Laden ist wegen ______________________ (ein Wasserschaden) geschlossen.

b) Infolge ______________________ (der Sturm) wurden viele Dächer abgedeckt.

c) Kraft ______________________ (das Gesetz) wurde er zu zwei Jahren Freiheitsstrafe verurteilt.

d) Statt ______________________ (die Turnschuhe) packte er die Hausschuhe ein.

e) Aufgrund ______________________ (ein Unfall) hatte er sein Bein verloren.

f) Infolge ______________________ (der Aufprall) wurde er schwer verletzt.

g) Der Täter konnte aufgrund ______________________ (ein Zufall) schnell gefasst werden.

h) Es besteht wegen ______________________

(die lang anhaltende Hitze) Waldbrandgefahr.

2. Verbessere die Sätze und schreibe sie ins Heft.

a) Die Straße wurde wegen einem Wasserrohrbruch gesperrt.

b) Statt dem Jungen kam der Vater.

c) Aufgrund dem Festumzug ist die Innenstadt gesperrt.

d) Infolge dem Schnee sind viele Straßen in den Bergen unpassierbar.

Sprachliche Wendungen zum Ausdruck der Meinungsäußerung

Zum Ausdruck der Meinungsäußerung solltest du nicht ständig dieselbe sprachliche Wendung benutzen, sondern verschiedene Wendungen gebrauchen, um deinen Text abwechslungsreicher zu gestalten.

Leider sind die Verben und Ausdrücke, mit denen du deine Meinung mitteilen kannst, spiegelverkehrt gedruckt. Notiere sie richtig herum.

a) ... ssad, eniem hcI: ______________________

b) ... ssad, ednif hcI: ______________________

c) ... ssad, ekned hcI: ______________________

d) ... hcan gnunieM renieM: ______________________

e) ... gnussaffuA reniem hcaN: ______________________

f) ... hcan gnussaffuA renieM: ______________________

g) ... gnunieM reniem hcaN: ______________________

h) ... ssad, gnunieM eid etertrev hcI: ______________________

i) ... ssad, gnussaffuA red nib hcI: ______________________

j) ... ssad, thcisnA red nib hcI: ______________________

Kommasetzung und „Dass"-Schreibung im Objektsatz nach Verben des „Meinens"

Bei Verben des „Meinens" wird das „Dass" zu Beginn des nachfolgenden Objektsatzes immer mit „ss" geschrieben und ein Komma vor das „Dass" gesetzt.

Beispiel: **Er denkt, dass** alle Schulen Schuluniformen einführen sollten.

Gib die direkten Meinungsäußerungen durch „Dass"-Sätze wieder.
Verwende dabei das Verb oder die Redewendung in der Klammer.
Achte zudem auf das Komma und die S-Schreibung bei „dass".

Beispiel: Jonas: „Die Einführung von Schuluniformen ist nicht sinnvoll." (finden).
Jonas findet, dass die Einführung von Schuluniformen nicht sinnvoll ist.

a) Tina: „Durch die Einführung von Schuluniformen kann der Markenwahn aus den Klassenzimmern verbannt werden." (denken)

____

____

____

b) Jan: „Das Vorhaben ist in der Praxis nicht durchsetzbar." (glauben)

____

____

____

c) Elif: „Durch Zwang kann man nichts erreichen." (der Auffassung sein)

____

____

____

d) Lukas: „Ein Einheitslook ist langweilig." (der Ansicht sein)

____

____

e) Lara: „Schuluniformen sollten auf keinen Fall eingeführt werden." (der Meinung sein)

____

____

Konjunktionen und sprachliche Wendungen zur Aneinanderreihung von Argumenten

Mithilfe der folgenden Konjunktionen und sprachlichen Wendungen kannst du die einzelnen Argumente sprachlich verknüpfen.

1. Finde die Konjunktionen und sprachlichen Wendungen heraus, die sich in den Buchstabensalaten verstecken, und schreibe die Lösungen auf.

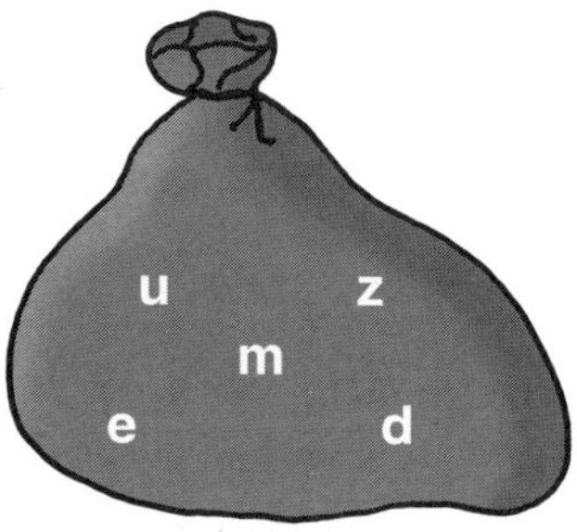

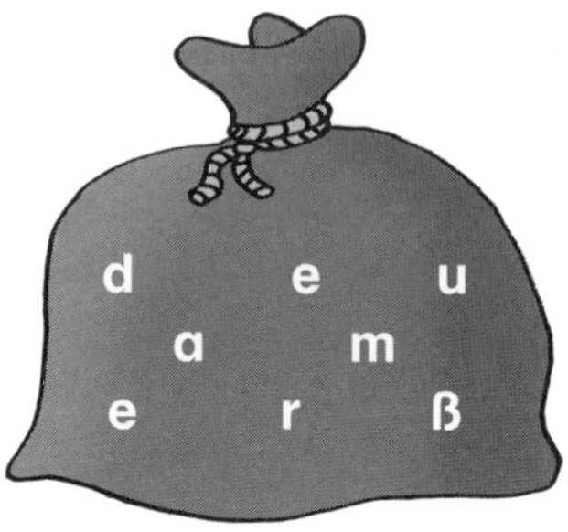

______________ ______________ ______________ ______________

Achtung, zwei Wortbestandteile! Die Anfangsbuchstaben helfen dir!

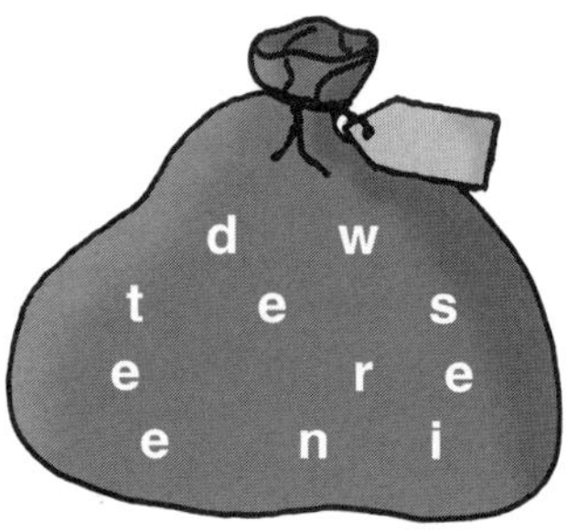

d____ W______________ d______________ h__________

**2. Hier ist doppeltes Unheil passiert: Die Buchstaben der sprachlichen Wendungen sind miteinander verschmolzen und zudem noch spiegelverkehrt gedruckt.
Finde die sprachlichen Wendungen und schreibe sie auf.**

a) ... ssad,tmmokuzaD: ______________________________

b) ... ssad,tsitnemugrAseretiewniE: ______________________________

c) ... ssad,nedrewtrhüfegnannaktnemugrAseretiewslA:

____

____

Birgit Lascho: Besseres Ausdrucksvermögen im Aufsatz

Die Satzstellung bei „weil“ und „denn“ (1)

Bei der Verwendung der Konjunktion „weil“ und „denn“ musst du auf die Satzstellung achten. Denn „weil“ leitet einen untergeordneten Nebensatz ein, bei dem das Prädikat an letzter Stelle steht, während „denn“ einen gleichrangigen Hauptsatz einleitet, bei dem das Prädikat an zweiter Stelle steht. Deshalb kannst du die beiden Konjunktionen nicht beliebig austauschen.

Beispiele: Ich freue mich, **weil** wir in den Zoo gehen.
Hauptsatz + **Nebensatz** (Prädikat an letzter Stelle)

Ich freue mich, **denn** wir gehen in den Zoo.
Hauptsatz + **Hauptsatz** (Prädikat an zweiter Stelle)

Forme die mit „denn“ beginnenden Hauptsätze in mit „weil“ beginnende Nebensätze um. Achte dabei auf die richtige Satzstellung.

Beispiel: Er beeilt sich, denn der Zug fährt in fünf Minuten ab.
Er beeilt sich, weil der Zug in fünf Minuten abfährt.

a) Sie ärgert sich, denn sie hat verloren.

b) Er kauft sich eine Dose Cola, denn er hat Durst.

c) Das Kind hält sich den Bauch, denn es hat Bauchschmerzen.

d) Sie freut sich, denn sie hat eine gute Note geschrieben.

e) Er friert, denn es ist kalt draußen.

Die Satzstellung bei „weil“ und „denn“ (2)

1. Ergänze bei den folgenden Sätzen „weil“ oder „denn“.

a) Er nimmt den Regenschirm mit, ____________ der Himmel sieht bewölkt aus.

b) Die Katze miaut, ____________ sie Hunger hat.

c) Er schenkt ihr ein Buch, ____________ sie Geburtstag hat.

d) Sie können ausschlafen, ____________ es sind Schulferien.

e) Er geht zur Tür, ____________ es geklingelt hat.

f) Sie schwitzt, ____________ die Sonne scheint ununterbrochen.

2. Ergänze die hinteren Sätze mithilfe der in Klammern stehenden Satzteile.

a) Ein Handy zu besitzen ist sinnvoll, (damit – Hilfe holen – jederzeit – man – kann)

Ein Handy zu besitzen ist sinnvoll, weil ______________________________

____

b) Ein Handy zu besitzen ist sinnvoll (es – Taschenrechner – man – als – kann – benutzen)

Ein Handy zu besitzen ist sinnvoll, denn ______________________________

____

c) Ein Handy zu besitzen ist sinnvoll (werden – damit – geortet – man – überall – kann)

Ein Handy zu besitzen ist sinnvoll, denn ______________________________

____

d) Ein Handy zu besitzen ist sinnvoll (ist – jeden – damit – jederzeit – man – für – erreichbar)

Ein Handy zu besitzen ist sinnvoll, weil ______________________________

____

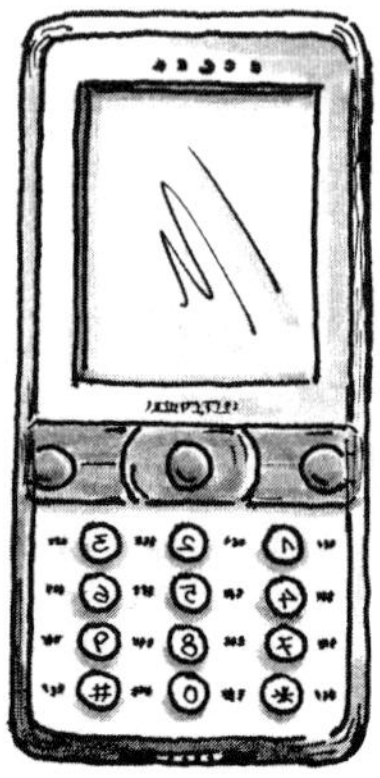

e) Ein Handy zu besitzen ist sinnvoll (verschicken – SMS – kann – damit – man)

Ein Handy zu besitzen ist sinnvoll, weil ______________________________

____

Die Verwendung von „der-, die-, dasselbe“ und „der, die, das gleiche“

Bei dem Gebrauch von „der-, die-, dasselbe“ und „der, die, das gleiche“ musst du aufpassen. Obwohl beide Ausdrücke eine Übereinstimmung bezeichnen, gibt es doch einen Bedeutungsunterschied hinsichtlich des Grades der Übereinstimmung.

So wird mit **„der-, die-, dasselbe“** ausgedrückt, dass es sich um einen identischen Gegenstand handelt, während mit **„der, die, das gleiche“** ausgesagt wird, dass es sich um zwei oder mehrere Gegenstände handelt, die sich gleichen/ähneln.

Beispiele: Die beiden Handwerker fahren dasselbe Auto
Die zwei Handwerker fahren nacheinander ein bestimmtes Auto.

Die beiden Handwerker fahren das gleiche Auto.
Die zwei Handwerker fahren zwei Autos, die sich z. B. von der Marke her gleichen.

„Der-, die-, dasselbe“ oder „der, die, das gleiche“?
Ergänze in der grammatisch passenden Form.

a) Alexa und Katrin besuchen ____________________ Schule in Wiesbaden.

b) Tom hat ____________________ Turnschuhe wie Janis.

c) Jenny wohnt in ____________________ Haus wie Sara, nur ein Stockwerk tiefer.

d) Johannes und Kevin sind mit ____________________ Bus um 13.45 Uhr gefahren.

e) Meine Schwester besitzt ____________________ Stift wie du.

f) ____________________ Geschäft gibt es auch in Kassel.

g) Das habe ich gestern hier in ____________________ Laden gekauft.

h) ____________________ Hosen sind in England billiger.

i) ____________________ Mann habe ich gestern schon einmal hier gesehen.

j) Britta trägt ____________________ Kette wie Esra.

k) Onkel Hein fährt ____________________

Automarke wie Papa.

Die Unterscheidung von Anrede- und Personalpronomen in Briefen

In Briefen musst du bei der Schreibung von „sie“ und allen Formen von „ihr, ihre“ aufpassen. Denn „sie“ kann in Briefen als Anredepronomen auftreten, dann wird es vorn großgeschrieben, oder als Personalpronomen, dann wird es vorn kleingeschrieben.
Dasselbe gilt für die Formen des dazugehörigen Possessivpronomens „ihr, ihre“. Bezieht sich das Possessivpronomen auf ein Anredepronomen, wird das Possessivpronomen vorn ebenfalls großgeschrieben. Bezieht es sich dagegen auf ein Personalpronomen, wird das Possessivpronomen entsprechend kleingeschrieben.

Beispiele:

Bitte bezahlen Sie Ihre Rechnung schnell. (Eine Person wird angesprochen ➜ Anredepronomen)

Lara kam und sie bezahlte ihre Rechnung. („Sie“ bezieht sich auf Lara ➜ Personalpronomen)

Anrede- oder Personalpronomen? Ergänze die fehlenden Buchstaben in der richtigen Groß- und Kleinschreibung.

Sehr geehrter Herr Huber,

hiermit möchten wir uns ganz herzlich bei ___hnen für ___hre Unterstützung beim Schulfest bedanken. Denn mit ___hren gespendeten Backwaren haben ___ie uns sehr geholfen. Ohne ___hre Hilfe hätten wir sicher viel weniger Geld eingenommen. Die Backwaren fanden wirklich reißenden Absatz, die Leute haben ___hr Geld dafür gern gegeben und ___ie anschließend mit Genuss verzehrt. Von daher möchten wir uns noch einmal ganz herzlich bei ___hnen für ___hre Spende bedanken und hoffen, dass ___ie auch im nächsten Jahr wieder bereit sein werden, etwas für unser Schulfest beizusteuern. Außerdem möchten wir ___ie bitten, ___hrer Frau auch vielen Dank auszurichten, die Musik, die ___ie mit ___hrer Gitarre gemacht hat, war wirklich gut. Also, noch einmal vielen Dank an ___ie und ___hre Frau.

Mit freundlichen Grüßen

Franziska Kipka für die Klasse 6b

Sprachliche Wendungen für den Einleitungssatz einer Zusammenfassung

Der erste Satz einer Zusammenfassung ist immer am schwersten. Denn du musst hier Autor, Erscheinungsjahr, Gattung und Titel des Textes unterbringen sowie die Handlung kurz zusammenfassen.

Beispiel:
Theodor Weißenborn erzählt in seiner 1961 verfassten Kurzgeschichte mit dem Titel „Die Mutprobe" von einem zunächst ängstlichen Jungen, der sich zum mutigen Jungen entwickelt, weil er nach dem Ablegen einer Mutprobe den Mut hat, dem Anführer einer Jugendbande zu widersprechen.

Welcher Einleitungssatzbeginn passt zu welcher Fortsetzung? Ordne zu und schreibe auf. Achte auf die Grammatik!

(1) Theodor Weißenborns 1961 verfasste Kurzgeschichte mit dem Titel „Die Mutprobe" handelt ...

(2) In der 1961 verfassten Kurzgeschichte mit dem Titel „Die Mutprobe" von Theodor Weißenborn geht es ...

(a) ... um einen zunächst ängstlichen Jungen, der sich zum mutigen Jungen entwickelt, weil er nach dem Ablegen einer Mutprobe den Mut hat, dem Anführer einer Jugendbande zu widersprechen.

(b) ... von einem zunächst ängstlichen Jungen, der sich zum mutigen Jungen entwickelt, weil er nach dem Ablegen einer Mutprobe den Mut hat, dem Anführer einer Jugendbande zu widersprechen.

a) ______________________________

____

____

____

____

____

b) ______________________________

____

____

____

____

____

Leicht verwechselbare Präsensformen

Bei einigen Präsensformen musst du aufpassen. Da sie ähnlich klingen, werden sie leicht miteinander verwechselt.

Welche Form passt vom Sinn her wohin? Ordne zu. Ergänze anschließend den dazugehörigen Infinitiv in die Klammer.

hasst – ist – bietet – reist – fließt – hakt – reißt – bittet – fliest – hast – isst – hackt

a) Das Wasser ______________ (______________) den Wasserfall hinunter.

Der Handwerker ______________ (______________) das Bad.

b) Tom ______________ (______________) jetzt in der Schule und nicht hier.

Julia ______________ (______________) einen Apfel.

c) Onkel Johann ______________ (______________) mit dem Zug nach Berlin.

Lara ______________ (______________) das Kalenderblatt ab.

d) „Tina, ______________ (______________) du auch genug Geld dabei?“

„Carsten, ______________ (______________) du Regen auch so wie ich?“

e) Sara ______________ (______________), Tamara etwas leiser zu sein.

Till ______________ (______________) Nils Schokolade an.

f) Die Lehrerin ______________ (______________) die Klassenliste ab.

Der Computerspezialist ______________ (______________) das Computersystem.

ERZÄHLEN

AB 1 Ganze Sätze verwenden S. 13

Aufgabe 1

☒ Der Zwerg kam und: „Ich werde dich besiegen, Riese!"
☐ Er schützte sich mit einem Schild, denn der Gegner war gefährlich.
☒ Der Riese gab seinem Pferd, damit es gesättigt in den Kampf ging.
☒ Nun der Kampf.

Aufgabe 2

a) Sofort stieß **der Riese** den Zwerg vom Pferd.
b) Der Zwerg **schrie/rief/brüllte**: „Hilfe! Aua, aua! Verdammt, tut das weh!"
c) Darauf **lag** der Zwerg regungslos im Gras.
d) „Haha, haha!", **dachte** der Riese lautlos bei sich, „den habe ich besiegt."

AB 2 Sachverhalte betonen durch Satzgliedumstellung S. 14

Aufgabe

a) Völlig überrascht öffnete ich die Haustür.
b) Plötzlich fuhr der Zug los.
c) Am Bahnsteig wartete Oma schon auf mich.
d) Wütend riss ich die Tür auf.
e) Zuerst erledigte ich zu Hause die Hausaufgaben.
f) Reumütig gab ich zu, dass wir alleine im Wald waren.

AB 3 Andere Verben für „sagen" (1) S. 15

Aufgabe

vorschlagen	bekannt geben	unterbrechen
empfehlen	**mitteilen**	**ins Wort fallen**
raten	**verlauten lassen**	**dazwischenrufen**
anregen	**ankündigen**	**dazwischenreden**
fragen	antworten	auffordern
sich erkundigen	**entgegnen**	**befehlen**
wissen wollen	**erwidern**	**bitten**
meckern	zugeben	bestreiten
sich aufregen	**gestehen**	**zurückweisen**
sich ärgern	**einräumen**	**verneinen**

AB 4 Andere Verben für „sagen" (2) S. 16

Aufgabe

erwähnen: **bemerken, anführen**
überlegen: **nachdenken, erwägen**
betonen: **unterstreichen, bekräftigen**
bezweifeln: **hinterfragen, infrage stellen**
schimpfen: **meckern, fluchen**
jubeln: **sich freuen, jauchzen**
ärgern: **sticheln, provozieren**
rätseln: **raten, vermuten**
flüstern: **wispern, hauchen**

AB 5 Andere Verben für „sagen" (3) S. 17

Aufgabe

äußern	ausweichen	warnen
verlauten lassen	**ablenken**	**hinweisen**
von sich geben	**abschweifen**	**aufmerksam machen**
kritisieren	stammeln	schreien
beanstanden	**stottern**	**rufen**
Kritik üben	**lispeln**	**brüllen**
lügen	empfehlen	erklären
vorgeben	**raten**	**beschreiben**
heucheln	**vorschlagen**	**erläutern**

AB 6 Andere Verben für „sagen" (4) S. 18

Aufgabe

a) „Pass auf, dass du nicht ausrutscht!", **warnte** die Mutter den Jungen.
b) „Immer muss ich den Müll herausbringen", **meckerte** Julia.
c) „Sei leise!", **flüsterte** Oma, denn Opa schlief noch.
d) „Unsere Mannschaft hat gewonnen!", **jubelte** Jonas.
e) „Ich habe die Kreide zerbrochen", **gestand** Fabian.
f) „Du räumst jetzt sofort dein Zimmer auf", **befahl** Vater.
g) „Dazu möchte ich nichts sagen", **antwortete** der Autofahrer dem Polizisten.
h) „Du kannst ja mit dem Zug nach Berlin fahren", **empfahl** Onkel Bernd.
i) „An welche Adresse sollen wir Ihr Regal liefern?", **fragte** der Verkäufer.
j) „Nein, ich mache meine Hausaufgaben nicht!", **brüllte** der Junge wütend.
k) „Wo habe ich nur den Schlüssel hingelegt?", **überlegte** Opa.

AB 7 Kommasetzung und „Dass"-Schreibung im Objektsatz nach Verben des Sagens S. 19

Aufgabe

a) Tina schlägt vor, **dass** wir am Wandertag in den Zoo gehen sollten.
b) Lukas wendet ein, **dass** nicht jeder gerne Sport macht.
c) Jonas antwortet, **dass** es heute kalt ist.
d) Marina gibt zu, **dass** sie ihre Hausaufgaben vergessen hat.
e) Lena vermutet, **dass** Jan vielleicht bei Tobias ist.
f) Sofie behauptet, **dass** sie die Zeitung nicht ins Altpapier getan hat.

AB 8 Andere Verben für „sein" S. 20

Aufgabe 1

aua**geben**kala**vorkommen**heinzi**bestehen**ellilu**sichaufhalten**
papa**herrschen**oskar**sichbefinden**na**weilen**egi**leben**uru
existierenbeim**sitzen**alla**stehen**pulli**liegen**jamba

geben, vorkommen, bestehen, sich aufhalten, herrschen, sich befinden, weilen, leben, existieren, sitzen, stehen, liegen

Aufgabe 2

a) In den Alpen **herrschte** ein heftiges Gewitter.
b) Die Toiletten **befanden sich** im ersten Obergeschoss.
c) Das Problem **bestand** darin, dass er Silkes Telefonnummer vergessen hatte.
d) Die besondere Fischart **existierte** nur im Stechlinsee.
e) Die Katze **saß** in ihrem Körbchen.

AB 9 Andere Verben für „zu Fuß gehen“ (1) S. 21

Aufgabe 1

G	**S**	**C**	**H**	**L**	**E**	**N**	**D**	**E**	**R**	**N**	U	**H**	**A**	**S**	**T**	**E**	**N**
D	**S**	A	G	G	U	H	N	I	G	P	A	F	G	T	**T**	G	I
S	**P**	**A**	**Z**	**I**	**E**	**R**	**E**	**N**	G	H	I	A	I	C	**R**	U	**B**
T	**R**	U	**R**	**E**	**N**	**N**	**E**	**N**	K	G	E	R	G	H	**O**	D	**U**
H	**I**	G	**A**	F	I	N	**I**	H	G	H	A	G	I	Z	**E**	G	**M**
C	**N**	T	**S**	F	E	E	**L**	Z	U	G	E	R	K	N	**D**	G	**M**
K	**T**	G	**E**	J	T	U	**E**	N	B	H	E	I	G	I	**E**	K	**E**
A	**E**	T	**N**	I	U	P	**N**	T	H	G	A	I	H	G	**L**	N	**L**
G	**N**	G	U	H	A	**S**	**C**	**H**	**L**	**E**	**I**	**C**	**H**	**E**	**N**	U	**N**
B	G	Z	I	G	H	B	H	Z	U	N	H	K	S	R	S	A	A

Waagerecht: schlendern, hasten, spazieren, rennen, schleichen

Senkrecht: sprinten, rasen, eilen, troedeln, bummeln

Aufgabe 2

schnell gehen	langsam gehen
eilen	**bummeln**
rennen	**trödeln**
rasen	**schlendern**
sprinten	**spazieren**
hasten	**schleichen**

AB 10 Andere Verben für „zu Fuß gehen“ (2) S. 22

Aufgabe

a) stampfen: **trampeln**
b) in Schlangenlinien laufen: **torkeln**
c) leise gehen: **schleichen**
d) hinterhergehen: **verfolgen**
e) schreiten: **stolzieren**
f) fliehen: **flüchten**
g) verlassen: **sich entfernen**
h) marschieren: **wandern**
i) hingehen: **kommen**
j) normal gehen: **laufen**
k) hin und her laufen: **wandeln**
l) gehen, ohne die Füße zu heben: **schlurfen**
m) hineingehen: **betreten**
n) rennen: **flitzen**

AB 11 Andere Verben für „zu Fuß gehen“ (3) S. 23

Aufgabe

1) Wütend **stampfte** er durch den Flur.
2) Die Betrunkene **torkelte** die Straße entlang.
3) Vorsichtig **schlich** sich die Katze an die Maus heran.
4) Die beiden Rentner **spazierten** durch den Park.
5) Die Polizisten **verfolgten** den Schläger sofort.
6) Sofie **betrat** den Laden zuerst.
7) Jonas **trödelte**, weshalb er zu spät zur Schule kam.
8) Alina und Svenja **schlenderten** durch die Fußgängerzone.
9) Die Familie **wanderte** von Seebach nach Josbach durch den Wald.
10) Er **sprintete** sofort los, um als Erster am Ziel zu sein.

AB 12 Andere Verben für „sehen“ S. 24

Aufgabe 1

a) erkennen
b) erspähen
c) erblicken
d) ausmachen

Aufgabe 2

a) Zu Gesicht bekommen
b) Mit dem Auge wahrnehmen
c) Mit dem Auge auf etwas stoßen

Mögliche Lösung **Aufgabe 3**

Zuerst sah Jan Häuser, dann **erblickte** er einen Garten. Hierauf **bekam** er einen Mann **zu Gesicht** und als Nächstes **stieß** Jan mit **dem Auge auf** einen Apfelbaum. Hinter dem Apfelbaum konnte Jan eine Gartenhütte **erkennen**. Vor deren Tür **erspähte** er eine Katze. „Wo war er hier nur gelandet?“, fragte er sich.

AB 13 Personalpronomen verwenden S. 25

Aufgabe 1

a) **Es** frisst **sie**.
b) **Sie** gibt **ihm** einen Luftballon.
c) **Sie** sieht **es**.
d) **Er** schenkt **ihr** ein Buch.
e) **Er** ruft **ihn** an.
f) **Sie** geben **ihm** eine Kinokarte.
g) **Es** läuft **ihnen** hinterher.
h) **Sie** besucht **sie**.

Aufgabe 2

Mehrere Kinder treffen sich auf dem alten Fabrikgelände. **Sie** begrüßen sich und setzen sich in einen Kreis. Dann beginnt einer der Jungen, Stefan, zu reden. **Er** schlägt **ihnen** vor, eine Bande zu gründen und eine Hütte zu bauen. Lukas und Nils sind von dem Vorschlag völlig begeistert, **sie** wollen **ihn** sofort in die Tat umsetzen. Die anderen Kinder stimmen sofort zu und so beginnen alle nach einem Namen für die Bande zu suchen.

AB 14 Auf die Bezüge von Personalpronomen achten S. 26

Aufgabe

a) Die Katze fing eine Maus. – – (Die Katze) fraß ihre Beute schnell.
b) Andrea ging mit Nina in die Stadt. – – (Nina) war schon lange Andreas Freundin.
c) Der Vater gab den Jungen etwas zu trinken. Er (Der Vater) goss ihnen Saft ein.
d) Die Frau fuhr in die Stadt. – – (Die Frau) hatte einen Rock an.
e) Lena schaffte sich ein Kätzchen an. Es (Das Kätzchen) sah niedlich aus.
f) Marina rannte zur Schule. Sie (Die Schule) begann um acht Uhr.
g) Tina kaufte für ihre Mutter eine Lampe. – – (Tina) war froh, endlich ein Geburtstagsgeschenk für ihre Mutter gefunden zu haben.

AB 15 Ausdrucksstarke Adjektive benutzen S. 27

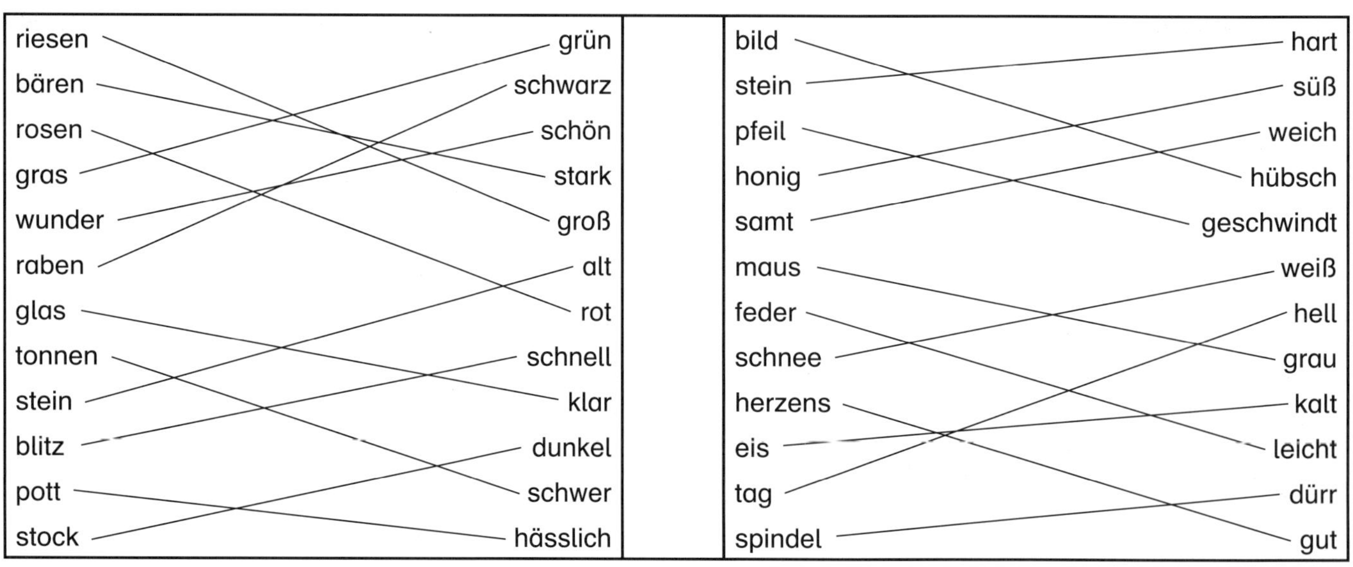

riesengroß, bärenstark, rosenrot, grasgrün, wunderschön, rabenschwarz, glasklar, tonnenschwer, steinalt, blitzschnell, potthässlich, stockdunkel, bildhübsch, steinhart, pfeilgeschwindt, honigsüß, samtweich, mausgrau, federleicht, schneeweiß, herzensgut, eiskalt, taghell, spindeldürr

AB 16 Nicht steigerbare Adjektive (1) S. 28

Aufgabe 1

a) alt – **einzig** – schön – **nackt** – groß – **ideal** – **absolut** – witzig
b) **maximal** – **kein** – dunkel – **einzigartig** – hübsch – leise – **blind** – schnell
c) ängstlich – hässlich – **halb** – schlau – **total** – weich – **extrem** – **leblos**
d) heiß – **viereckig** – laut – **optimal** – kalt – **rund** – **dreieckig** – schmutzig
e) leicht – **stumm** – langsam – **minimal** – **tot** – traurig – kurz – **vollendet**

Aufgabe 2

„Einzig kann man nicht **steigern**."

AB 17 Nicht steigerbare Adjektive (2) S. 29

Aufgabe 1

a) Er war in kein**er** Weise beleidigt.
b) Dies ist der einzig**e** Weg, der zum Erfolg führt.
c) Das ist der nackt**e** Wahnsinn.
d) Der maximal**e** Gewinn betrug 500 Euro.
e) Die Ware war von einzigartig**er** Qualität.
f) Das ist das ideal**e** Versteck.

Aufgabe 2

a) ☐ Sie war die schönste Frau im ganzen Land.
b) ☒ Für die Schule betrieb sie nur den minimalsten Aufwand.
c) ☒ Er war der einzigste Junge in der Sportgruppe.
d) ☐ Lea kaufte die wärmste Jacke.

Aufgabe 3

a) Diese Schuhe sind für **extreme** (extrem) Kälte geeignet.
b) Sie bestiegen den **höchsten** (hoch) Berg.
c) Dies ist die **optimale** (optimal) Lösung.
d) Das ist der **geschickteste** (geschickt) Weg.
e) Dies bedeutete den **absoluten** (absolut) Horror für ihn.
f) Er hatte den **verrücktesten** (verrückt) Einfall von allen.

AB 18 Überflüssige Verdoppelungen (1) S. 30

Aufgabe

☒ kleiner Zwerg
☒ runder Ball
☒ sparsamer Geizhals
☐ hübsche Frau
☒ alter Greis
☐ schwerer Koffer
☒ neu renoviert
☐ kurze Schnur
☒ preiswertes Schnäppchen
☐ runder Tisch
☒ weibliche Stute
☐ jüngere Schwester
☒ drei Drillinge

☐ netter Junge
☐ kleines Kind
☒ süßer Zucker
☒ tote Leiche
☐ großer Bruder
☒ schwarzer Rappe
☐ heftiger Regen
☒ verlogener Lügner
☐ warme Jacke
☒ weibliches Mädchen
☐ schwarze Katze
☒ zwei Zwillinge
☐ eiserne Tür

☒ weißer Schimmel
☐ alter Mann
☐ rostiger Nagel
☒ feuchter Niederschlag
☒ männlicher Kater
☒ verheiratetes Ehepaar
☐ rote Farbe
☐ schnelles Auto
☒ wunderbares Wunder
☐ junge Frau
☒ männlicher Ochse
☐ wertvolle Brosche
☒ nasses Wasser

AB 19 Überflüssige Verdoppelungen (2) S. 31

Aufgabe

a) In der Höhle trafen sie einen ~~alten~~ Greis.
b) Gestern war das Wetter schön.
c) Auf der Koppel standen eine braune Stute und ein ~~weißer~~ Schimmel.
d) Das Kind hatte einen ~~runden~~ Ball in der Hand.
e) In der Anzeige stand, dass die Wohnung ~~neu~~ renoviert ist.
f) Eine männliche Katze wird als „Kater“ bezeichnet.
g) Das ~~weibliche~~ Mädchen ritt auf einem ~~schwarzen~~ Rappen.
h) Er kaufte sich einen neuen Füller.
i) In der Stadt sind wir ~~zwei~~ Zwillingen begegnet.
j) Auf dem Boden krabbelte ein kleines Kind herum.
k) Im Schlafzimmer stand eine prunkvolle Truhe.
l) Nebenan ist ein ~~verheiratetes~~ Ehepaar eingezogen.
m) „Du ~~verlogener~~ Lügner!“, rief der ~~kleine~~ Zwerg.
n) Beim Einkaufen haben wir ein ~~preiswertes~~ Schnäppchen gemacht.
o) Hinter dem Busch stießen sie auf eine ~~tote~~ Leiche.
p) Ich habe mir einen ~~männlichen~~ Kater ausgesucht.
q) Er entschied sich für den Kauf des viereckigen Tisches.
r) Neulich ist mir ein ~~wunderbares~~ Wunder passiert.
s) Er transportierte das ~~nasse~~ Wasser in einem Eimer.
t) Sie trug rote Schuhe zu einem weißen Kleid.

AB 20 Leicht verwechselbare Präteritumsformen S. 32

Aufgabe

a) Er **bat** (bitten) Jan um Hilfe beim Umzug und **bot** (bieten) Jan dafür eine gute Bezahlung an.
b) Julia **las** (lesen) ein Buch im Garten und **ließ** (lassen) es sich gut gehen.
c) Ben **ritt** (reiten) mit dem Pferd voraus und **riet** (raten) Jonas, mit dem Fahrrad hinterherzukommen.
d) Lara **kannte** (kennen) sich nicht aus und **konnte** (können) die Adresse nicht finden.
e) Mareike **wob** (weben) Tücher und **warb** (werben) für deren Verkauf mit deren schönen Farben.
f) Der Sänger **sank** (sinken) zu Boden, während er die Schlussstrophe **sang** (singen).

AB 21 Nomen mit verschiedenen Artikeln (1) S. 33

Aufgabe

a) der Bauer
b) das Bauer

a) das Pony
b) der Pony

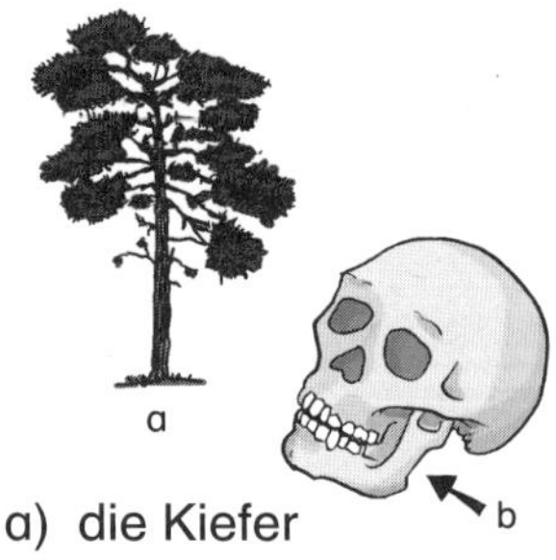

a) die Kiefer
b) der Kiefer

a) der Band
b) das Band

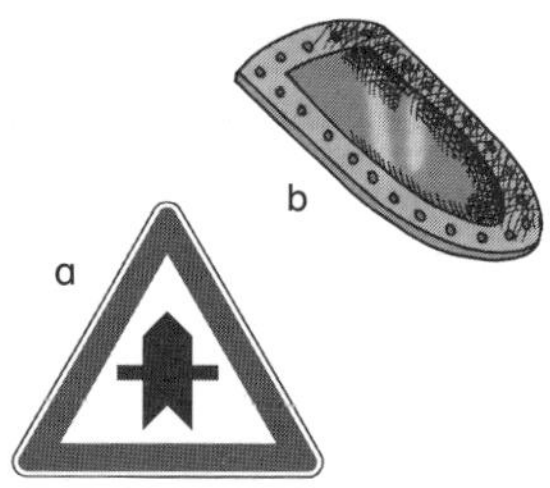

a) das Schild
b) der Schild

a) der Junge
b) das Junge

AB 22 Nomen mit verschiedenen Artikeln (2) S. 34

Aufgabe

a) Seil: **das Tau**
Niederschlag: **der Tau**

b) Steighilfe: **die Leiter**
Vorsteher: **der Leiter**

c) Fehler: **der Mangel**
Bügelmaschine: **die Mangel**

d) Käufer: **der Kunde**
Nachricht: **die Kunde**

e) Inneres einer Frucht: **das Mark**
Grenzland: **die Mark**

f) Lohn: **der Verdienst**
persönliche Leistung: **das Verdienst**

g) Lastkraftwagen (LKW): **der Laster**
Untugend/schlechtes Verhalten: **das Laster**

h) Meer: **die See**
stehendes Binnengewässer: **der See**

i) Pfahl: **der Mast**
Intensivfütterung von Tieren: **die Mast**

j) Ungläubiger: **der Heide**
unbebautes, sandiges Land: **die Heide**

k) Korridor im Haus: **der Flur**
nutzbare Ackerfläche: **die Flur**

l) große Tür: **das Tor**
dummer, einfältiger Mensch: **der Tor**

AB 23 Nomen mit verschiedenem Plural (1) S. 35

Aufgabe
a) die **Bänke** (Sitzgelegenheiten) ➜ die **Banken** (Kreditinstitute)
b) die **Kiefern** (Nadelbäume) ➜ die **Kiefer** (Schädelknochen)
c) die **Schilder** (Hinweistafeln) ➜ die **Schilde** (Schutzwaffen)
d) die **Leitern** (Steighilfen) ➜ die **Leiter** (Vorsteher)
e) die **Bauern** (Landwirte) ➜ die **Bauer** (Käfige)
f) die **Sträuße** (gebundene Blumen) ➜ die **Strauße** (Laufvögel)
g) die **Mängel** (Fehler) ➜ die **Mangeln** (Bügelmaschinen)
h) die **Bänder** (Schnüre) ➜ die **Bände** (Bücher)
i) die **Steuern** (Abgaben) ➜ die **Steuer** (Lenkvorrichtungen)
j) die **Flure** (Korridore) ➜ die **Fluren** (Ackerflächen)
k) die **Tore** (große Türen) ➜ die **Toren** (einfältige, dumme Menschen)
l) die **Wörter** (einzelne Ausdrücke, Buchstabenfolgen) ➜ die **Worte** (zusammenhängende Rede)

AB 24 Nomen mit verschiedenem Plural (2) S. 36

Aufgabe
a) Die Bibliothekarin räumte die Lexikon**bände** ins Regal.
b) Sie stellten zur Dekoration mehrere Blumen**sträuße** auf den Tisch.
c) Morgen versammeln sich die Schul**leiter** im Schulamt.
d) Die Schutz**schilde** der Ritter waren kostbar verziert.
e) **Kiefern** zählen zu den Nadelbäumen.
f) In der Wäscherei gab es drei Wäsche**mangeln.**
g) Sie schlossen die Eingangs**tore** zum Park jeden Abend um 19.00 Uhr.
h) Es waren schon fast alle Park**bänke** besetzt.
i) An der Kreuzung standen vier Hinweis**schilder.**
j) Durch das Unwetter erlitten viele Acker**bauern** Ernteverluste.
k) Zum Obstpflücken nahmen sie mehrere Holz**leitern** mit.
l) Das defekte Produkt wies etliche Qualitäts**mängel** auf.
m) Der Juwelier bot der Frau mehrere Arm**bänder** an.
n) Zeichen**blocks** gibt es im Schreibwarenladen zu kaufen.
o) Die Zahl der Finanz**steuern** ist letztes Jahr gesunken.
p) Adjektive werden auch als Eigenschafts**wörter** bezeichnet.

AB 25 Spannungssteigernde Ausdrücke einbauen S. 37

Aufgabe 1
1) **auf einmal**
2) völ**lig unerwartet**
3) aus **heiterem Himmel**
4) blitz**artig**
5) **jäh**

Mögliche Lösung **Aufgabe 2**
Neulich lag Niklas in seinem Bett und schlief. Es war stockfinstere Nacht. **Plötzlich** wachte er auf, weil er ein unheimliches Geräusch hörte. **Auf einmal** schien etwas über den Fußboden zu huschen. „Was ist das bloß? Hoffentlich ist es keine Ratte“, dachte er. **Blitzartig** sprang er aus dem Bett und tastete sich eilig Richtung Tür, wo sich der Lichtschalter befand. Doch als er den Schalter drückte, blieb Niklas **jäh** stehen. **Völlig unerwartet** schoss ein Wesen auf ihn zu: Es war keine Ratte, nein, es war sein Kater, der sich unbemerkt in sein Zimmer geschlichen hatte. Da musste Niklas über seine Angst **aus heiterem Himmel** lachen.

Berichten und Beschreiben

AB 26 Abwechslungsreich berichten und beschreiben S. 38

Aufgabe *Mögliche Lösung*
Meine Katze Susi ist groß und kräftig. Sie hat kurze Beine. **Susi besitzt** schwarzgraubraun getigertes dichtes Fell **und** einen weißen Brustfleck. **Ihre Augen sind groß, rund und grünlich und sie trägt** ein rotes Halsband mit goldener Glocke.

AB 27 Andere Verben für „machen" (1) S. 39

Aufgabe
a) das Fenster zumachen ➜ das Fenster **schließen**
b) die Tür aufmachen ➜ die Tür **öffnen**
c) Dreck wegmachen ➜ Dreck **entfernen**
d) etwas kaputt machen ➜ etwas **zerstören**
e) etwas wieder ganz machen ➜ etwas **reparieren**
f) Käse daraufmachen ➜ Käse darauf**legen**
g) eine Arbeit fertig machen ➜ eine Arbeit **vollenden**
h) eine Schraube fest machen ➜ eine Schraube **festdrehen**
i) das Rollo hochmachen ➜ das Rollo **hochziehen**
j) die Jalousie heruntermachen ➜ die Jalousie **herunter lassen**
k) das Licht anmachen ➜ das Licht **anschalten**
l) die Heizung ausmachen ➜ die Heizung **abstellen**
m) einen Arbeitsschritt vormachen ➜ einen Arbeitsschritt **zeigen**
n) etwas an der Wand festmachen ➜ etwas an der Wand **befestigen**
o) eine Nacht durchmachen ➜ eine Nacht **durchfeiern**
p) Schreckliches durchmachen ➜ Schreckliches **erleiden**
q) eine Speise warm machen ➜ eine Speise **erwärmen**
r) etwas saubermachen ➜ etwas **säubern**

AB 28 Andere Verben für „machen" (2) S. 40

Aufgabe
aufschreiben / anfertigen / unternehmen / kochen / vergeben / verabreden / backen / gewinnen / erledigen / erzielen / zubereiten / bereiten

1) Suppe machen
Suppe **kochen**

2) Kuchen machen
Kuchen **backen**

3) Hausarbeit machen
Hausarbeit **erledigen**

4) Notizen machen
Notizen **aufschreiben**

5) Gewinn machen
Gewinn **erzielen**

6) Termine machen
Termine **vergeben**

7) Hausaufgaben machen
Hausaufgaben **anfertigen**

8) eine Freude machen
eine Freude **bereiten**

9) einen Treffpunkt machen
einen Treffpunkt **verabreden**

10) Erfahrungen machen
Erfahrungen **gewinnen**

11) eine Reise machen
eine Reise **unternehmen**

12) Nachtisch machen
Nachtisch **zubereiten**

AB 29 Andere Verben für „machen" (3) S. 41

Aufgabe *Mögliche Lösung*
Bedienungsanleitung für den KLICKI-Wecker
Nehmen Sie den Wecker aus der Verpackung heraus und **werfen/entsorgen** Sie die Verpackung in den Müll. **Öffnen** Sie hierauf das Batteriefach vorsichtig und nehmen Sie die Batterie heraus. Nun können Sie die Schutzpappe **entfernen**, indem Sie vorsichtig an dem roten Ende ziehen. **Legen** Sie hiernach die Batterie wieder in das Batteriefach hinein. Achten Sie dabei auf die richtige Polarisierung. **Schließen** Sie als Nächstes das Batteriefach wieder. Jetzt müsste der Wecker anfangen zu ticken, sodass Sie die Uhrzeit einstellen können.

AB 30 Andere Ausdrücke für „dann" S. 42

Aufgabe
Toast Hawei
Als Zutaten benötigst du Toasts, Margarine, Schinken, Ananasscheiben und Butterkäse sowie Kirschen zum Garnieren.
Säubere **zuerst** die Hände und die Arbeitsfläche. Stelle dann den Toaster und die Zutaten bereit und lege **jetzt** das Backblech mit Papier aus. **Danach** toastest du so viele Toasts, wie du benötigst, auf mittlerer Stufe. Pro Person solltest du dabei zwei Toasts rechnen. Lege die Toasts **hierauf** nebeneinander auf ein großes Holzbrettchen. **Als nächsten Schritt** beschmierst du die Toasts dünn mit Margarine. **Nachdem** du die Toasts jeweils mit einer Schinkenscheibe belegt hast, folgt jeweils eine Ananasscheibe. **Als Nächstes** kommt jeweils eine Scheibe Butterkäse. **Hiernach** werden die Toasts auf das Backblech gelegt und **zum Abschluss** in den Backofen geschoben. Backe die Toasts **darauf** 10 bis 15 Minuten bei 200 Grad Umluft, bis der Käse leicht braun ist. Nimm die Toasts **anschließend** aus dem Ofen und lasse sie **schließlich** kurz abkühlen. **Als Letztes** werden die Toasts mit einer Kirsche garniert. **Nun** kannst du die Toasts servieren.

AB 31 Genau berichten und beschreiben S. 43

Aufgabe 1
- ☐ Zum Wechseln der Tintenpatrone machst du zuerst das Teil außen ab. Hierauf machst du die beiden Füllerteile auseinander und machst das Ding aus dem Teil raus, indem du das Ding vorsichtig nach hinten machst ...
- ☒ Zum Wechseln der Tintenpatrone entfernst du zuerst die Füllerkappe. Hierauf schraubst du die beiden Füllerhälften auseinander und nimmst die leere Patrone aus dem Füller heraus, indem du die Patrone vorsichtig nach hinten ziehst ...

Aufgabe 2
... Jetzt kannst du **eine neue, volle Patrone einsetzen**. Dazu musst du **die Patrone** mit der Kugel nach oben in **die vordere Füllerhälfte einführen**, aus der du **die leere Patrone gezogen** hast. Am Schluss solltest du kurz drücken, damit die Kugel sich aufdrückt und **die Tinte** fließen kann. Wenn **die Patrone** richtig sitzt, **schiebst** du **die hintere Füllerhälfte** vorsichtig wieder **darauf** und **schraubst sie** fest. Als Letztes **verschließt** du **den Füller** wieder **mit der Füllerkappe**, damit **die Tinte** nicht austrocknet.

AB 32 Konjunktionen zur Verknüpfung von Sätzen (1) S. 44

Aufgabe

Grammatischer Begriff	Aufgabe	Konjunktionen
temporal	Gibt das Zeitverhältnis an: *Als wir losfuhren, schneite es.*	als; nachdem; während; bevor; ehe; bis; sobald; worauf; solange; inzwischen
kausal	Gibt den Grund an: *Er friert, weil es kalt ist.*	weil; da; denn; daher; deshalb; deswegen
final	Gibt das Ziel oder den Zweck an: *Sie lernt, damit sie eine gute Note bekommt.*	damit; um ... zu
konsekutiv	Gibt die Folge an: *Er hat kein Geld, sodass er nichts kaufen kann.*	sodass; dass; folglich; also
konzessiv	Gibt die Einräumung an: *Er rennt ohne Jacke heraus, obwohl es kalt ist.*	obwohl; obschon; obgleich; trotzdem; wenngleich; wenn auch
konditional	Gibt die Bedingung an: *Ich warte, wenn du möchtest.*	wenn; falls; sofern
modal	Gibt die Art und Weise oder die Begleitumstände an: *Du öffnest das Rollo, indem du hier ziehst.*	indem; womit; ohne dass; wobei; dadurch, dass

AB 33 Konjunktionen zur Verknüpfung von Sätzen (2) S. 45

Aufgabe 1

a) Sie war glücklich, **weil** sie eine gute Note erhielt.
b) Er verlieh seiner Wut Ausdruck, **indem** er laut brüllte.
c) Übe die Vokabeln, **damit** du beim Test besser abschneidest!
d) Er tankte noch schnell, **bevor** er auf die Autobahn fuhr.
e) Nimm einen Schirm mit, **denn** es ist bewölkt.
f) Sie fuhren ab, **nachdem** sie das Gepäck verladen hatten.
g) Er kaufte sich die Schuhe, **obwohl** sie teuer waren.
h) Vorsicht, es ist glatt draußen, **sodass** du leicht ausrutschen kannst!
i) Das Baby schreit, **denn** es hat Hunger.
j) Ich kann dir Äpfel mitbringen, **falls** du es möchtest.
k) Sie rannte schon los, **während** er noch überlegte.
l) Er kaufte das Buch, **weil** sich der Klappentext spannend anhörte.

Aufgabe 2

a) **Sobald** sie sich Mantel und Schuhe angezogen hatte, ging sie los.
b) **Ehe** er losfuhr, überprüfte er, ob genug Benzin im Tank war.
c) Ben wollte Tom anrufen, **inzwischen** war Tom jedoch eingetroffen.
d) In dem Moment, **als** der Zug endlich in den Bahnhof einfuhr, hatte ihn der Anschlusszug schon verlassen.

AB 34 Konjunktionen zur Verknüpfung von Sätzen (3) S. 46

Aufgabe 1
a) Sie kauft sich ein Brötchen, weil sie Hunger hat.
b) Er setzt seine Brille auf, damit er besser sehen kann.
c) Das Kind fiel hin, sodass seine Hose schmutzig war.
d) Sie brachen auf, obwohl das Wetter unbeständig war.
e) Du startest die Maschine, indem du den grünen Knopf drückst.

Aufgabe 2
a) Sie freut sich, **weil/da** ihre Oma morgen zu Besuch **kommt**.
Sie freut sich, **denn** ihre Oma **kommt** morgen zu Besuch.
b) Er hat die beste Arbeit geschrieben, **obwohl/obgleich/obschon** er nicht gelernt **hat**.
c) Ihr Geldbeutel war leer, **sodass** sie sich nichts mehr kaufen **konnte**.
Ihr Geldbeutel war leer, **folglich konnte** sie sich nichts mehr kaufen.

AB 35 Den richtigen Sprachstil treffen S. 47

Aufgabe 1
a) ☒ Nils entwendete unbemerkt vier Packungen Kaugummi.
☐ Nils ließ unbemerkt vier Packungen Kaugummi mitgehen.
b) ☐ Sandra war echt voll sauer und trat zurück, sodass Ingo die Treppe runterfiel.
☒ Sandra war sehr verärgert und trat zurück, sodass Ingo die Treppe herunterfiel.
c) ☐ Dem Kerl war echt nicht zu helfen.
☒ Dem Mann war wirklich nicht zu helfen.

Aufgabe 2 *Mögliche Lösung*
Gestern haben zwei **Mädchen** aus meiner Klasse versucht, einen älteren Mann zu überfallen. Sie wollten ihm das Geld stehlen. Deshalb sprachen sie den **Mann** an und forderten ihn auf, **sein Geld herauszugeben**. Doch der alte **Mann** reagierte anders, als sie erwartet hatten. Er riet ihnen, den **Unsinn** zu lassen und lieber eine Arbeit anzunehmen, um an **Geld** zu gelangen. Das **verärgerte** die beiden **Mädchen sehr**, sodass **das eine Mädchen** mit der rechten Hand ausholte, um den **Mann zu schlagen**. Denn **das Mädchen** fand das Verhalten des **Mannes unmöglich**. Ehe sich die Schlägerin versah, saß sie jedoch auf dem Boden und ihre Komplizin **entfernte** sich. Die beiden **Jugendlichen** hatten das Pech gehabt, an einen ehemaligen Polizisten zu geraten, der Karate **konnte**.

AB 36 Sachlich berichten und beschreiben S. 48

Aufgabe 1
a) ☐ Gestern fand im Aue-Stadion ein spannendes Fußballspiel statt.
☒ Gestern fand im Aue-Stadion ein Fußballspiel statt.
b) ☐ Ein blöder Junge aus der Klasse 5a stellte mir ein Bein, sodass ich stolperte.
☒ Ein Junge aus der Klasse 5a stellte mir ein Bein, sodass ich stolperte.
c) ☒ Das Kind stürzte und schrie vor Schmerzen.
☐ Das Kind stürzte und schrie: „Aua, aua!“
d) ☐ Dann kam Lisa plötzlich auf dem Pferd um die Ecke geritten.
☒ Dann kam Lisa auf dem Pferd um die Ecke geritten.

Aufgabe 2
Aus dem Polizeibericht
Gestern ereignete sich in der Kieler Innenstadt ein ~~dreister~~ Banküberfall, bei dem die ~~skrupellosen~~ Täter hohe Beute machten. Gegen 15.00 Uhr tauchten die beiden schwarzmaskierten Täter ~~plötzlich~~ im Schalterraum der Ixi-Bank auf und ~~schrien: „Geld, Geld!“~~ /**verlangten Geld**. Als das Bankpersonal nicht reagierte, nahmen sie eine Bankangestellte als Geisel und stießen die ~~arme~~ Frau zu Boden, die **vor Schmerzen**/~~„Aua, aua!“~~ schrie, worauf der eine Täter ~~herzlos~~ nach ihr trat. Daraufhin händigte ein anderer Bankangestellter den Tätern das geforderte Geld aus, wonach die Bankräuber schnell flüchteten. Eine sofort eingeleitete Fahndung der Polizei nach den Bankräubern blieb ~~blöderweise~~ erfolglos. Die Täter erbeuteten über 25 000 Euro, ~~eine hübsche Summe~~. Die Bankangestellte wurde an der Hand verletzt.

AB 37 Unregelmäßige Imperativformen S. 49

Aufgabe

a) **Sprich** (sprechen) beim Referat laut und deutlich.
b) **Nimm** (nehmen) beim Vortragen die Hände aus den Taschen.
c) **Sieh** (sehen) die Zuschauer an.
d) **Lies** (lesen) den Text nicht Wort für Wort ab.
e) **Wirf** (werfen) den Text mit dem Beamer an die Wand.
f) **Vergiss** (vergessen) nicht, den Vortrag mit Bildern zu untermauern.
g) **Gib** (geben) am Anfang einen Überblick über deinen Vortrag.
h) **Iss** (essen) nicht während des Vortrags.
i) **Hilf** (helfen) den Zuhörern den Vortrag besser zu verstehen, indem du
j) kurze Sätze verwendest.
k) **Empfiehl** (empfehlen) den Zuhörern Literatur zu deinem Thema.
l) **Unterbrich** (unterbrechen) den Vortrag erst am Ende für Zuhörerfragen.
m) **Versprich** (versprechen) am Anfang, Zuhörerfragen am Ende zu beantworten.
n) **Sei** (sein) nicht aufgeregt während des Vortrages. Du schaffst das.

AB 38 Pluralbildung von Fremdwörtern (1) S. 50

Aufgabe 1

a) das Museum – die **Museen**
b) die Praxis – die **Praxen**
c) der Rhythmus – die **Rhythmen**
d) das Gymnasium – die **Gymnasien**
e) das Album – die **Alben**
f) das Drama – die **Dramen**
g) das Praktikum – die **Praktika**
h) der/das Virus – die **Viren**
i) das Cello – die **Celli**
j) die Firma – die **Firmen**
k) das Material – die **Materialien**
l) das Konto – die **Konten**
m) das Datum – die **Daten**
n) das Ministerium – die **Ministerien**
o) das Zentrum – die **Zentren**
p) der Kaktus – die **Kakteen**
q) der Zirkus – die **Zirkusse**
r) der Mythos – die **Mythen**

Aufgabe 2

a) Auf der Fensterbank stehen mehrere Kak**teen**.
b) In Marburg gibt es mehrere Gymna**sien**.
c) Auf dem Schulhof spielen sich oft kleine Dram**en** ab.
d) Auf dem Tisch liegen mehrere Fotoalb**en**.

AB 39 Pluralbildung von Fremdwörtern (2) S. 51

Aufgabe

a) das Thema – die **Themen**, die **Themata**
b) das Lexikon – die **Lexika**, die **Lexiken**
c) der Balkon – die **Balkons**, die **Balkone**
d) der Atlas – die **Atlanten**, die **Atlasse**
e) die Pizza – die **Pizzen**, die **Pizzas**
f) der Magnet – die **Magnete**, die **Magneten**
g) der Ballon – die **Ballons**, die **Ballone**
h) das Komma – die **Kommas**, die **Kommata**
i) der Globus – die **Globen**, die **Globusse**
j) das Visum – die **Visa**, die **Visen**
k) das Risiko – die **Risiken**, die **Risikos**
l) das Examen – die **Examen**, die **Examina**

AB 40 Pluralbildung von Fremdwörtern (3) S. 52

Aufgabe 1
a) die Praxis – die **Praxen**
b) das Ministerium – die **Ministerien**
c) das Museum – die **Museen**
d) das Zentrum – die **Zentren**
e) der/das Virus – die **Viren**
f) der Zirkus – die **Zirkusse**
g) die Firma – die **Firmen**
h) das Material – die **Materialien**

Aufgabe 2
a) das Konto – ☐ die Kontos ☒ die Konten
b) das Praktikum – ☒ die Praktika ☐ die Praktikas
c) das Album – ☒ die Alben ☐ die Albums
d) das Datum – ☐ die Datums ☒ die Daten

Aufgabe 3
a) das Visum – ☒ die Visen ☐ die Visas ☒ die Visa
b) der Globus – ☒ die Globen ☒ die Globusse ☐ die Globi
c) das Lexikon – ☐ die Lexikons ☒ die Lexika ☒ die Lexiken
d) der Atlas – ☐ die Atlanta ☒ die Atlasse ☒ die Atlanten
e) das Komma – ☒ die Kommas ☐ die Kommatas ☒ die Kommata
f) die Pizza – ☒ die Pizzas ☐ die Pizza ☒ die Pizzen

AB 41 Die Schreibung des Plurals bei Fremdwörtern mit „y" am Wortende S. 53

Aufgabe 1
a) das **Baby** die **Babys**
b) das **Pony** die **Ponys**
c) der **Teddy** die **Teddys**
d) die **City** die **Citys**
e) die **Party** die **Partys**
f) die **Story** die **Storys**
g) die **Lady** die **Ladys**
h) der **Rowdy** die **Rowdys**
i) das **Hobby** die **Hobbys**

Aufgabe 2
Man sieht zwei **Handys**.

AB 42 Die Verwendung von „das" und „was" im Relativsatz S. 54

Aufgabe
a) Das Kleid, **das** sie trug, war sehr kostbar.
b) Es war das Schönste, **was** sie jemals gesehen hatte.
c) Das Schloss, **das** sie entdeckt hatten, war prächtig.
d) Das Pferd, **das** dort stand, war groß und kräftig.
e) Der Zwerg besaß ein Wunderschwert, **was** der Riese nicht wusste.
f) Der Prinz hatte den ganzen Tag gekämpft, **was** ihn erschöpfte.
g) Es war das Schlimmste, **was** der Prinzessin passieren konnte.
h) Das Mädchen, **das** aus dem Fenster schaute, war wunderschön.

AB 43 Die richtige Verwendung von „wo" S. 55

Aufgabe 1

a) ☐ Sie erkundigte sich, wo der Bahnhof war.
b) ☒ Der Fall, wo die Mutter ihr Kind verhungern lassen hat, wird vor Gericht verhandelt.
c) ☐ Am Montag, wo sie ihn eingeladen hatte, war er nicht gekommen.
d) ☐ Er wartete vor dem Rathaus auf sie, wo sie sich verabredet hatten.
e) ☒ Das Fach, wo er die beste Note hatte, war Englisch.
f) ☒ Sie handelten einen Kompromiss aus, wo beide Seiten nachgeben mussten.
g) ☒ Der Junge, wo auf der Straße stand, lachte.

Aufgabe 2

a) Die Unglücksfahrt, **bei der** der Zug entgleiste, ereignete sich nachts.
b) Der Streit, **bei dem** sie sich in die Haare geraten waren, konnte inzwischen beigelegt werden.
c) Der Anschlag, **bei dem** gestern drei Menschen getötet wurden, ereignete sich in Kairo.

AB 44 Zum Gebrauch von „wie" und „als" bei Vergleichen S. 56

Aufgabe 1

a) Ben schwamm so schnell **wie** Tobias.
Ben schwamm schneller **als** Tobias.
b) Er war so stark **wie** ein Löwe.
Er war stärker **als** ein Löwe.
c) Die Fahrt wird länger dauern **als** nach Berlin.
Die Fahrt wird so lange dauern **wie** nach Berlin.

Aufgabe 2

a) Er trampelte **wie** ein Elefant.
b) Es ist heute wärmer **als** gestern.
c) Ich bin in Englisch besser **als** in Mathematik.
d) Der Stoff fühlte sich so weich **wie** Samt an.
e) Auf der Insel ist es windiger **als** am Festland.
f) Janik hat mehr Aufgaben geschafft **als** Frank.
g) Der Zwerg war klüger **als** der Riese.

AB 45 Genitiv nach „wegen, infolge, kraft, statt, aufgrund" S. 57

Aufgabe 1

a) Der Laden ist wegen **(eines) Wasserschadens** (ein Wasserschaden) geschlossen.
b) Infolge **des Sturmes** (der Sturm) wurden viele Dächer abgedeckt.
c) Kraft **(des) Gesetzes** (das Gesetz) wurde er zu zwei Jahren Freiheitsstrafe verurteilt.
d) Statt **der Turnschuhe** (die Turnschuhe) packte er die Hausschuhe ein.
e) Aufgrund **eines Unfalls** (ein Unfall) hatte er sein Bein verloren.
f) Infolge **des Aufpralls** (der Aufprall) wurde er schwer verletzt.
g) Der Täter konnte aufgrund **eines Zufalles** (ein Zufall) schnell gefasst werden.
h) Es besteht wegen **der lang anhaltenden Hitze** (die lang anhaltende Hitze) Waldbrandgefahr.

Aufgabe 2

a) Die Straße wurde wegen **eines Wasserrohrbruchs** gesperrt.
b) Statt **des Jungen** kam der Vater.
c) Aufgrund **des Festumzuges** ist die Innenstadt gesperrt.
d) Infolge **des Schnees** sind viele Straßen in den Bergen unpassierbar.

Argumentieren

AB 46 Sprachliche Wendungen zum Ausdruck der Meinungsäußerung S. 58

Aufgabe
a) ... ssad, eniem hcl: **Ich meine, dass ...**
b) ... ssad, ednif hcl: **Ich finde, dass ...**
c) ... ssad, ekned hcl: **Ich denke, dass ...**
d) ... hcan gnunieM renieM: **Meiner Meinung nach ...**
e) ... gnussaffuA reniem hcaN: **Nach meiner Auffassung ...**
f) ... hcan gnussaffuA renieM: **Meiner Auffassung nach ...**
g) ... gnunieM reniem hcaN: **Nach meiner Meinung ...**
h) ... ssad, gnunieM eid etertrev hcl: **Ich vertrete die Meinung, dass ...**
i) ... ssad, gnussaffuA red nib hcl: **Ich bin der Auffassung, dass ...**
j) ... ssad, thcisnA red nib hcl: **Ich bin der Ansicht, dass ...**

AB 47 Kommasetzung und „Dass"-Schreibung im Objektsatz nach Verben des „Meinens" S. 59

Aufgabe
a) Tina denkt, **dass** durch die Einführung von Schuluniformen der Markenwahn aus den Klassenzimmern verbannt werden kann.
b) Jan glaubt, **dass** das Vorhaben in der Praxis nicht durchsetzbar ist.
c) Elif ist der Auffassung, **dass** man durch Zwang nichts erreichen kann.
d) Lukas ist der Ansicht, **dass** ein Einheitslook langweilig ist.
e) Lara ist der Meinung, **dass** Schuluniformen auf keinen Fall eingeführt werden sollten.

AB 48 Konjunktionen und sprachliche Wendungen zur Aneinanderreihung von Argumenten S. 60

Aufgabe 1
zudem ferner außerdem daneben des Weiteren darüber hinaus

Aufgabe 2
a) ...ssad,tmmokuzaD: **Dazu kommt, dass ...**
b) ...ssad,tsitnemugrAseretiewniE: **Ein weiteres Argument ist, dass ...**
c) ...ssad,nedrewtrhüfegnannaktnemugrAseretiewslA: **Als weiteres Argument kann angeführt werden, dass ...**

AB 49 Die Satzstellung bei „weil" und „denn" (1) S. 61

Aufgabe
a) Sie ärgert sich, weil sie verloren hat.
b) Er kauft sich eine Dose Cola, weil er Durst hat.
c) Das Kind hält sich den Bauch, weil es Bauchschmerzen hat.
d) Sie freut sich, weil sie eine gute Note geschrieben hat.
e) Er friert, weil es kalt draußen ist.

AB 50 Die Satzstellung bei „weil“ und „denn“ (2) S. 62

Aufgabe 1
a) Er nimmt den Regenschirm mit, **denn** der Himmel sieht bewölkt aus.
b) Die Katze miaut, **weil** sie Hunger hat.
c) Er schenkt ihr ein Buch, **weil** sie Geburtstag hat.
d) Sie können ausschlafen, **denn** es sind Schulferien.
e) Er geht zur Tür, **weil** es geklingelt hat.
f) Sie schwitzt, **denn** die Sonne scheint ununterbrochen.

Aufgabe 2
a) Ein Handy zu besitzen ist sinnvoll, **weil man damit jederzeit Hilfe holen kann.**
b) Ein Handy zu besitzen ist sinnvoll, **denn man kann es als Taschenrechner benutzen.**
c) Ein Handy zu besitzen ist sinnvoll, **denn man kann damit überall geortet werden.**
d) Ein Handy zu besitzen ist sinnvoll, **weil man damit für jeden jederzeit erreichbar ist.**
e) Ein Handy zu besitzen ist sinnvoll, **weil man damit SMS verschicken kann.**

AB 51 Die Verwendung von „der-, die-, dasselbe“ und „der, die, das gleiche“ S. 63

Aufgabe
a) Alexa und Katrin besuchen **dieselbe** Schule in Wiesbaden.
b) Tom hat **die gleichen** Turnschuhe wie Janis.
c) Jenny wohnt in **demselben** Haus wie Sara, nur ein Stockwerk tiefer.
d) Johannes und Kevin sind mit **demselben** Bus um 13.45 Uhr gefahren.
e) Meine Schwester besitzt **den gleichen** Stift wie du.
f) **Das gleiche** Geschäft gibt es auch in Kassel.
g) Das habe ich gestern hier in **demselben** Laden gekauft.
h) **Die gleichen** Hosen sind in England billiger.
i) **Denselben** Mann habe ich gestern schon einmal hier gesehen.
j) Britta trägt **die gleiche** Kette wie Esra.
k) Onkel Hein fährt **dieselbe** Automarke wie Papa.

AB 52 Die Unterscheidung von Anrede- und Personalpronomen in Briefen S. 64

Aufgabe
Sehr geehrter Herr Huber,
hiermit möchten wir uns ganz herzlich bei **I**hnen für **I**hre Unterstützung beim Schulfest bedanken. Denn mit **I**hren gespendeten Backwaren haben **S**ie uns sehr geholfen. Ohne **I**hre Hilfe hätten wir sicher viel weniger Geld eingenommen. Die Backwaren fanden wirklich reißenden Absatz, die Leute haben **i**hr Geld dafür gern gegeben und **s**ie anschließend mit Genuss verzehrt. Von daher möchten wir uns noch einmal ganz herzlich bei **I**hnen für **I**hre Spende bedanken und hoffen, dass **S**ie auch im nächsten Jahr wieder bereit sein werden, etwas für unser Schulfest beizusteuern. Außerdem möchten wir **S**ie bitten, **I**hrer Frau auch vielen Dank auszurichten, die Musik, die **s**ie mit **i**hrer Gitarre gemacht hat, war wirklich gut. Also, noch einmal vielen Dank an **S**ie und **I**hre Frau.
Mit freundlichen Grüßen
Franziska Kipka für die Klasse 6b

Inhalte zusammenfassen

AB 53 Sprachliche Wendungen für den Einleitungssatz einer Zusammenfassung S. 65

Aufgabe

a) **Theodor Weißenborns 1961 verfasste Kurzgeschichte mit dem Titel „Die Mutprobe" handelt** von einem zunächst ängstlichen Jungen, der sich zum mutigen Jungen entwickelt, weil er nach dem Ablegen einer Mutprobe den Mut hat, dem Anführer einer Jugendbande zu widersprechen.

b) **In der 1961 verfassten Kurzgeschichte mit dem Titel „Die Mutprobe" von Theodor Weißenborn geht es um** einen zunächst ängstlichen Jungen, der sich zum mutigen Jungen entwickelt, weil er nach dem Ablegen einer Mutprobe den Mut hat, dem Anführer einer Jugendbande zu widersprechen.

AB 54 Leicht verwechselbare Präsensformen S. 66

Aufgabe

a) Das Wasser **fließt (fließen)** den Wasserfall hinunter.
Der Handwerker **fliest (fliesen)** das Bad.

b) Tom **ist (sein)** jetzt in der Schule und nicht hier.
Julia **isst (essen)** einen Apfel.

c) Onkel Johann **reist (reisen)** mit dem Zug nach Berlin.
Lara **reißt (reißen)** das Kalenderblatt ab.

d) „Tina, **hast (haben)** du auch genug Geld dabei?"
„Carsten, **hasst (hassen)** du Regen auch so wie ich?"

e) Sara **bittet (bitten)** Tamara, etwas leiser zu sein.
Till **bietet (bieten)** Nils Schokolade an.

f) Die Lehrerin **hakt (haken)** die Klassenliste ab.

g) Der Computerspezialist **hackt (hacken)** das Computersystem.

Ines Balcik/ Jürgen Folz/Klaus Röhe: Pons, Perfektes Deutsch, Der Ratgeber in sprachlichen Zweifelsfällen. Ponsverlag, Stuttgart 2009.

Dudenredaktion (Hrsg.): Duden Richtiges und gutes Deutsch, Wörterbuch der sprachlichen Zweifelsfälle. Dudenverlag, Mannheim 2007.

Duden, Im Zweifel für den Genitiv, Die meistgestellten Fragen an die Dudenredaktion, bearbeitet von Evelyn Knörr. Brockhaus Verlag, Mannheim 2008.

Christian Stang: „Das Gleiche ist nicht dasselbe!“, Stolpersteine der deutschen Sprache. Hueber-Verlag, Ismaning 2008.

Notizen

Deutsch üben – leicht gemacht!

Heiner Müller

Einfache Grammatikblätter mit Selbstkontrolle

5. Klasse/6. Klasse

Wortfelder, Synonyme, Sprichwörter und vieles mehr helfen, Grammatik einzuüben. Die abwechslungsreichen Kopiervorlagen sind exakt zugeschnitten auf die Anforderungen der Klassenstufen 5 und 6. Durch die wiedererkennbare Struktur der Arbeitsblätter finden Ihre Schüler schnell den Einstieg ins Thema und können selbstständig wiederholen und ihre Arbeitsergebnisse mithilfe der Selbstkontrolle überprüfen.
Für Ihren übungsorientierten Grammatikunterricht!

Mappe mit Kopiervorlagen, 58 Seiten, DIN A4
5. Klasse
Best.-Nr. 2665

Mappe mit Kopiervorlagen, 56 Seiten, DIN A4
6. Klasse
Best.-Nr. 2666

Heiner Müller

Grundwissen Grammatik

Kopiervorlagen, Tabellen,
Beispiele und Lösungsblätter

Festigen Sie die Einsicht in grammatische Zusammenhänge! Band 1 (5/6) bietet Erklärungen und Hinweise zu (fast) allen Bereichen der deutschen Grammatik. Übersichtliche Deklinations- und Konjugationstabellen erleichtern das Lernen und Wiederholen der Fälle der Nomen sowie der Zeit- und Personalformen der Verben. Mit Band 2 (7–9) machen Sie Ihre Schüler nicht nur fit im Anwenden der grammatischen Begriffe und der Bestimmung der Satzglieder, sondern auch im richtigen Gebrauch der indirekten Rede und beim Unterscheiden von Handlungs- und Zustandspassiv.
Grammatik, die dann sitzt!

Mappe mit Kopiervorlagen, 66 Seiten, DIN A4
5. und 6. Klasse
Best.-Nr. 2618

Mappe mit Kopiervorlagen, 59 Seiten, DIN A4
7. bis 9. Klasse
Best.-Nr. 2626

Heiner Müller, Uta Vollmer

Rechtschreibblätter mit Selbstkontrolle

Kopiervorlagen für das
5. bis 9. Schuljahr

Ganz egal ob als Hausaufgabe, Freiarbeit, bei der Gruppenarbeit oder zur Differenzierung – diese Rechtschreibblätter liefern Ihnen alles, was Sie brauchen: Übungen zum Wortschatz mit motivierenden Selbstkontrollmöglichkeiten, Anmal- und Punktebilder u. v. m. Der große Vorteil: Alle Materialien sind so gestaltet, dass sie nicht in ihrer Gesamtheit durchgearbeitet werden müssen.
**Universell und flexibel einsetzbar:
So sehen Arbeitsmaterialien aus,
die Ihre Schüler weiterbringen!**

Mappe mit Kopiervorl., 51 S., DIN A4
5. Klasse
Best.-Nr. 2066

Mappe mit Kopiervorl., 51 S., DIN A4
6. Klasse
Best.-Nr. 2067

Mappe mit Kopiervorl., 53 S., DIN A4
7. bis 9. Klasse
Best.-Nr. 2247

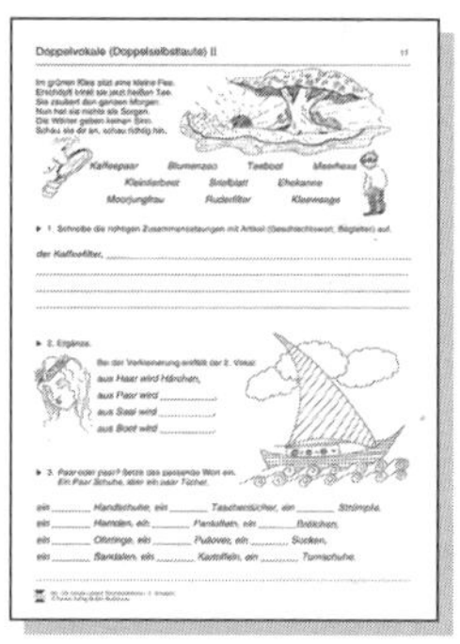

Ursula Lassert

Rechtschreibübungen

Kopiervorlagen für das 5. Schuljahr

Bringen Sie Abwechslung in Ihren Rechtschreibunterricht! Die Mappe bietet spielerische Übungen zur Rechtschreibung und kann parallel zu jedem Unterrichtswerk eingesetzt werden. So vertiefen und festigen Sie die elementaren Rechtschreibkenntnisse aus der Grundschule. Und Sie motivieren und fördern Ihre Schüler mit Übungen, die auch für differenzierenden Unterricht geeignet sind.
Aus dem Inhalt:
Wörter mit ie, Doppelkonsonanten, Verben, Adjektive, Silbentrennung, wörtliche Rede
Die ideale Ergänzung auch für alle offenen Unterrichtsformen!

Mappe mit Kopiervorlagen, 54 Seiten, DIN A4
5. Klasse
Best.-Nr. 2152

Unser Bestellservice:

Das komplette Verlagsprogramm finden Sie in unserem Online-Shop unter

www.persen.de

Bei Fragen hilft Ihnen unser Kundenservice gerne weiter.

Deutschland: ✆ 040/32 50 83-040 · Schweiz: ✆ 052/366 53 54 · Österreich: ✆ 0 72 30/2 00 11